PAUL DE KOCK

LA FILLE AUX TROIS JUPONS

ÉDITION ILLUSTRÉE DE 9 VIGNETTES SUR BOIS

PRIX : 70 cent.

CH. MAUCHET. SC

PARIS

VICTOR BENOIST ET Cᵉ, ÉDITEURS, RUE GIT-LE-CŒUR, 10, A PARIS

Ancienne Maison CHARLIEU et HUILLERY

PAUL de KOCK

ROMANS ILLUSTRÉS

LA FILLE AUX TROIS JUPONS

I

LE DANGER DE TROP DORMIR

Et d'abord, vous allez croire que ceci est un paradoxe, vous avez si souvent entendu répéter cette phrase : *Il n'y a rien de bon comme le sommeil*, ou : Le sommeil fait tant de bien! ou : Le sommeil est le plus grand réparateur! ou : Qui dort dîne. (Je vous demande pardon de vous citer cette dernière. Je suis persuadé que vous n'en avez jamais fait l'expérience.) A tout cela je puis répondre que les meilleures choses ont leur mauvais côté; qu'il ne faut jamais en abuser.

Mais je me contenterai de vous poser tout simplement des chiffres; vous savez qu'il n'y a rien d'absolu comme les chiffres. Je prends des personnes qui se couchent à minuit, beaucoup, il est vrai, se couchent plus tard, mais comme il y en a infiniment qui se couchent plus tôt, cela se balance. Vous vous couchez donc à minuit, et vous vous levez à huit heures du matin; vous avez donc dormi huit heures, le tiers de votre journée.

Par conséquent, si vous vivez soixante ans, c'est vingt années que vous avez données au sommeil. Franchement, est-ce que vous ne trouvez pas que c'est trop? Ah! je vous entends déjà vous écrier :

— Mais, monsieur, on ne dort pas toute la nuit sans s'éveiller, je n'ai pas fait huit heures de sommeil!

Soit! je le veux bien. Alors, au lieu de vingt ans de dormir, je ne vous en mets que quinze; est-ce que ce n'est pas encore bien du temps de perdu?

« Le sommeil, dit Montaigne, suffoque et supprime les facultés de notre âme. »

Vous me direz : Le repos est indispensable à l'homme... (et à la femme aussi, les dames sont si gentilles quand elles dorment!) C'est juste; mais tout est habitude dans la vie : avec quatre heures de sommeil par jour, ou plutôt par nuit, vous pourriez vous porter comme Esculape... J'aime à croire que le dieu de la médecine se portait bien. Cependant je ne l'affirmerai pas.

Mais il vous faudrait prendre l'habitude de ne point consacrer plus de temps à cet oubli de l'existence. Or, comme vous faites le contraire, il arrive que plus vous dormez, plus vous éprouvez le besoin de vous livrer au sommeil, qui, en vous alourdissant, épaissit votre sang, vous ôte une partie de votre activité, et quelquefois rend paresseux votre esprit, (Quand vous en avez est sous-entendu, mais je suis bien persuadé que vous en avez.)

Le sommeil a encore un grand inconvénient : il provoque à l'obésité, et convenez que vous ne désirez pas être obèse? C'est une charge sans bénéfice. En général rien ne vieillit plus vite qu'un gros ventre. Trouvez-moi un homme qui désire avoir un gros ventre... Je crois que vous chercheriez bien inutilement. En revanche, vous trouverez par centaines des hommes

1

qui s'efforcent de comprimer, de faire rentrer celui qui leur pousse; ils emploient pour cela des moyens qui souvent gênent leur respiration, ils mettent des corsets comme les femmes; il y en a même qui vont jusqu'à se priver de satisfaire leur appétit, qui ne mangent pas comme leur estomac le demanderait, et toujours par crainte de voir grossir leur abdomen.

Alexandre le Grand, ou le grand Alexandre... Non, je crois qu'il vaut mieux dire Alexandre le Grand, celui-ci est seul, les autres sont très-nombreux. Alexandre le Grand voulait souvent, même étant couché, ne point se laisser gagner par le sommeil, de crainte que cela ne lui fît oublier les plans, les projets sur lesquels il méditait. Vous me direz peut-être : Pourquoi se couchait-il alors? — Il se couchait pour se reposer, mais non pas pour dormir. Dans ce but, il avait fait placer à terre, contre son lit, une vaste bassine en cuivre; il avait son bras étendu au-dessus de cette bassine, et, dans sa main, tenait une grosse boule de cuivre. Si le sommeil venait à le gagner, ses doigts se détendaient et naturellement laissaient échapper de sa main la boule, qui, en tombant dans la bassine, faisait un tel bruit que cela le réveillait aussitôt.

Vous avez le droit de faire comme Alexandre le Grand, lorsque vous désirez ne point vous laisser aller au sommeil; mais vous trouverez peut-être que c'est gênant de tenir son bras étendu au-dessus d'une bassine, en ayant une grosse boule de cuivre dans la main; j'avoue qu'il faut être Alexandre le Grand ou Alexandre Dumas pour faire de ces choses-là.

Il y a d'autres moyens pour ne point s'endormir : il est bien rare que le sommeil vous prenne lorsque vous vous amusez; il ne s'agit donc que de s'amuser, mais ce n'est pas toujours aussi facile qu'on pourrait le croire.

Un monsieur, que je nommerai Dupont, si vous voulez bien le permettre, et qui habitait la jolie petite ville de Brives-la-Gaillarde, avait la malheureuse habitude de trop dormir. Il était cependant marié, mais il paraît que cela ne l'amusait pas assez; il y a des gens qui seraient capables de vous dire que cela n'avait fait qu'ajouter à son infirmité.

Ce qu'il y a de certain, c'est que madame Dupont, elle-même, disait souvent à son mari :

— Vous dormez beaucoup trop, monsieur, cela n'a pas le sens commun! Vous n'avez que quarante ans, que ferez-vous donc quand vous en aurez cinquante? Vous cédez au sommeil dès que vous avez la tête sur l'oreiller; vous ne vous réveillez point de la nuit; le matin on ne peut pas vous faire ouvrir les yeux. Vous n'êtes plus un homme, vous êtes une marmotte. Je pourrais vous dire que, en me mariant, je n'avais pas cru avoir pour époux une marmotte! Mais il ne s'agit pas de moi; cet abus du sommeil vous sera fatal, vous devenez déjà très-gros, et bientôt vous aurez un ventre comme Polichinelle.

M. Dupont fut ému par le discours de sa femme; il lui eût peut-être été indifférent de ressembler à une marmotte, mais il ne voulait pas avoir un ventre comme Polichinelle.

Il n'en fait ni une ni deux; il va sur-le-champ trouver son médecin, et lui dit :

— Docteur, je dors beaucoup trop... ma femme s'en plaint, et moi-même je sens que cela m'alourdit. Que faut-il que je fasse pour dormir moins?

Le docteur, qui aimait beaucoup à fumer, secoue la tête et se fait une petite cigarette, tout en répondant :

— Fumez-vous?

— Oui, docteur, je ne fais que cela, mais je m'endors même en fumant.

— C'est dommage, parce que je vous aurais conseillé de fumer.

— Conseillez-moi autre chose.

— Prisez-vous?

— Oui, docteur, j'ai même une collection de tabatières, mais je n'y trouve pas grand plaisir.

— C'est fâcheux, parce que je vous aurais conseillé de priser.

— Autre chose alors.

— Jouez-vous?

— Je sais tous les jeux, mais je n'en aime aucun, les cartes m'endormant sur-le-champ.

— Tant pis, je vous aurais conseillé de jouer. Car enfin, pour ne point s'endormir, il faut s'amuser... Avez-vous déjà été à Paris?

— Oui, docteur, deux fois, mais il y a très-longtemps, j'étais alors dans les affaires... C'était avant mon mariage... Il me semble que je me suis assez amusé à Paris.

— Eh bien, retournez-y, allez-y passer quelque temps, cela vous réveillera, vous ranimera, vous amusera. Mais surtout allez-y seul, n'emmenez pas votre femme.

Dupont approuve fort cette dernière condition, il s'empresse de faire ses préparatifs, fait part à sa femme de l'ordonnance du docteur, et part sans que madame paraisse bien désolée de son absence. Mais on ne tient pas beaucoup à la société d'une marmotte, à moins d'être un petit annexé!

II

COMMENT DUPONT S'AMUSE AU BAL

On était alors en mil huit cent soixante et à l'époque du carnaval, qui malheureusement était fort court cette année-là; nous disons malheureusement; car, nous l'avouerons, nous ne sommes pas de l'avis de ces gens qui s'écrient :

— Les masques ne sont plus de mode, on ne se déguise plus pour se promener en voiture ou à pied sur les boulevards; il donc! Tout cela tombe, perdu, de mauvais goût! Avant peu il n'y aura plus de carnaval.

D'abord nous ne comprenons pas pourquoi on blâme ce qui tend à amuser, à réjouir le peuple. Cela ne vous fait pas rire, vous, monsieur, qui avez toujours l'air de mauvaise humeur; et à qui cela fait mal aux nerfs, quand vous voyez des gens qui s'amusent. J'en suis bien désolé; mais lorsque jadis, pendant les jours gras, une triple rangée de voitures remplies de masques formait un immense Longchamps dans l'intérieur de Paris, je vous certifie que les promeneurs, les passants, les flâneurs ne se plaignaient pas d'avoir ce spectacle gratis.

Tout le monde n'a pas le moyen d'aller au bal de l'Opéra ni même à la salle Barthélemy, et le modeste rentier, se promenant avec sa femme pendant les jours gras, revenait chez lui tout joyeux lorsqu'il avait heurté des Arlequins ou des Polichinelles; et si un Ours avait dit à son épouse : « Je te connais! » l'heureux couple ne se sentait pas de joie, et, en rentrant, madame disait d'un air fier à son portier : « Il y a un Ours qui m'a dit : Je te connais! »

Vous voyez bien, messieurs les pessimistes, qui ne voulez plus de carnaval, qu'en le supprimant vous chagrineriez bien du monde; je sais que cela vous est parfaitement égal; mais vous aurez beau faire, tant que le monde existera il y aura des masques. Il y a des personnes qui vous diraient qu'il y en a toute l'année; qu'il n'est pas besoin d'être en carnaval pour en voir... Mais comme on a répété cela très-souvent, je ne vous le dirai pas.

Le carnaval est l'époque des intrigues et de la folie. Nous pourrions vous dire encore qu'il y a des intrigues toute l'année, mais cela s'est dit aussi et nous ne le répéterons pas. Nous prendrons la liberté de vous faire remarquer en passant que nous ne disons jamais que des choses neuves; c'est bien gentil de notre part; nous sommes persuadé qu'on nous en tiendra compte.

M. Dupont était, nous l'avons dit, un homme de quarante ans; c'est l'âge des passions, quand on doit en avoir; mais jusqu'alors ce monsieur n'en avait pas laissé poindre la plus légère apparence. Il fumait, il prisait, il jouait, mais tout cela sans goût et pour ainsi dire sans plaisir. Quant aux femmes, vous avez vu qu'il dormait beaucoup près de la sienne. Cependant Dupont n'était point insensible aux charmes de la beauté : ce qui le séduisait surtout dans une femme c'était la taille, les formes, la tournure; enfin il préférait un beau corps à une jolie tête, et malheureusement pour madame Dupont, elle était plutôt jolie que bien faite; voilà peut-être ce qui avait rendu son mari si dormeur.

Quant à lui, Dupont, il n'était ni beau ni laid, ni grand ni petit, ni bête ni spirituel : c'était de ces gens dont on ne dit rien. Cependant il était assez bien fait de sa personne; il avait un joli pied et une main blanche et mignonne. Il était très-vain de ces avantages, se croyait un petit Apollon, et ne voulait point absolument prendre du ventre; c'était principalement cette crainte qui l'avait décidé à se rendre à Paris, et puisque le docteur lui avait recommandé d'y venir sans sa femme, c'est qu'il voulait certainement il voulait qu'il y menât la vie de garçon; or, qu'est-ce que c'est que la vie de garçon, si ce n'est de chercher des intrigues, des amourettes, des bonnes fortunes, enfin, de passer son temps à courir après toutes les femmes, les dames du monde lorsque l'occasion s'en présente, et les grisettes quand on ne trouve pas mieux?

A propos de grisettes, il y a des écrivains qui veulent vous faire croire qu'il n'y en a plus; qu'elles ont passé de mode comme les carlins, que le moule en est brisé! N'en déplaise à ces messieurs, la grisette existe et existera toujours à Paris. Et qu'est-ce donc, s'il vous plaît, que les fleuristes, les brodeuses, les enlumineuses, les repasseuses, les giletières, les chemisières, les culottières, etc., etc.!... Ce ne sont ni de grandes coquettes, ni de ces beautés très-cavalières qui se mettent toujours en évidence aux avant-scènes des petits théâtres et qu'on a nommées, je ne sais trop pourquoi, des lorettes; ce ne sont pas non plus des femmes entretenues, car très-souvent leurs amants ne peuvent leur offrir que de l'amour; enfin, ce ne sont pas de bonnes bourgeoises qu'on ne sorte qu'au bras de leur père ou de leur frère; ce sont des grisettes, de vraies grisettes! N'allons pas les démonétiser, c'est une si jolie monnaie! pourquoi vouloir qu'elle n'ait plus cours?

Vous, messieurs, qui ne voulez plus absolument que l'on en trouve à Paris, allez donc un peu, pendant l'été, à la Closerie des Lilas, ce bal favori des étudiants qui aiment encore la danse et l'amour; vous y verrez des grisettes de toutes les catégories, vous les verrez sautant, riant, folâtrant, dansant un cancan tout aussi gracieux et beaucoup moins déhanché que les danses espagnoles que l'on permet sur les théâtres; vous les entendrez causer, se moquer les unes des autres, envier l'amant de celle-ci, ridiculiser l'amant de celle-là, et au milieu de ces phrases, de ces éclats de rire qui se croisent, qui se multiplient autour de vous, vous saisissez des mots piquants, spirituels, de ces locutions originales que vous n'entendez que là, mais qui ne vous permettent pas de garder votre sérieux... à moins toutefois que vous ne soyez de cette école qui ne veut pas que l'on rie, et qui ose dire que *le rire est une grimace*!... Quelle triste école, bon Dieu! Croyez-moi, n'y envoyez jamais vos enfants! Vous devez voir, au reste, que les résultats n'en sont pas heureux.

Dupont, arrivant à Paris à l'époque du carnaval, commence sa vie de garçon par se rendre au bal de l'Opéra. Il s'est dit:

— Le docteur m'ordonne de m'amuser, il est impossible que je ne m'amuse pas, au milieu de cette foule composée en grande partie de jolies femmes, qui ne sont pas positivement des Lucrèces, qui ne demandent pas mieux que de faire des connaissances, qui même ne vont au bal que dans ce but. Je ferai mon choix, je tâcherai de trouver une petite femme moulée comme une Vénus, voire même une bacchante, car toutes les bacchantes, telles que je les ai vues représentées, étaient parfaitement bâties; je ferai l'aimable, le galant; j'ai de l'esprit, quand je me mets en train; à la vérité, j'ai quelque peine à me mettre en train, mais avec de la persévérance et du punch j'y parviendrai, et je ne me coucherai pas à dix heures, puisque j'irai au bal à minuit.

Dupont a mis son projet à exécution; il a bien eu quelque peine, lorsque dix heures ont sonné, à ne point s'endormir sur sa chaise. Plusieurs fois, au lieu de passer un habit noir, il a été sur le point de se fourrer dans son lit... mais, au moment de céder à ses vieilles habitudes, il a heureusement regardé son ventre, il s'est aperçu qu'il ne pouvait plus boutonner le premier bouton de son gilet; alors il a sauté sur ses jambes, a fait vivement sa toilette en murmurant:

— Mais, malheureux, tu veux donc tourner au polichinelle!... Je n'aurai point de bosse par derrière, c'est vrai, mais celle que l'on porte devant soi est tout aussi ridicule et encore plus incommode... Allons au bal, faisons des folies et amusons-nous!... Sapristi! il ne s'agit pas de plaisanter ici, il s'agit de rester jeune!...

Voilà donc notre homme au bal, se glissant au milieu de cette cohue qui se promène dans l'enceinte de la danse, parce que là on peut regarder les femmes de plus près, on peut même les agacer, leur parler, leur prendre le bras quand elles sont sans cavalier; le bal masqué permet tout cela. Et que de choses ne permet-il pas!... Dupont voit de fort gentils minois en débardeurs, en matelots, en jockeys, en postillons. En général, les dames qui prennent un costume masculin ne portent point de masque et sont bien aises de laisser voir leur visage. Elles

laissent aussi voir leurs épaules, leur poitrine, il y a même quelquefois trop d'abandon dans leur tenue; ces dames ne comprennent pas que les yeux veulent avoir quelque chose à deviner, et que l'on est surtout amoureux de ce qu'on ne voit pas.

Dupont choisit une petite blonde fort gracieuse sous le costume d'une Colombine; pour faire connaissance il l'invite à polker, mais notre habitant de Brives-la-Gaillarde ne savait à quoi il s'exposait; il se figurait que l'on polkait au bal de l'Opéra comme dans sa province; il ignorait surtout que la polka se terminait par un galop... et quel galop!... il faut le voir pour le croire.

C'est un tourbillon, c'est une espèce de folie furibonde qui semble s'être emparée de tous les danseurs, au son de cette musique brillante, vive, animée, qui vous enlève, vous électrise; vous ne galopez plus, vous volez, vous tourbillonnez, vous vous élancez, vous poussez, vous vous bousculez les uns sur les autres!... Soyez intrépide, ne perdez pas la tête, sinon vous serez renversé.

C'est ce qui arrive à Dupont; il n'était point de force à tenir sa place dans cette bacchanale, il est tombé; il a entraîné sa danseuse qui se relève vivement et lui dit avec humeur:

— Mon petit, quand on ne sait pas galoper, on n'invite pas une dame à y aller.

Et aussitôt la Colombine saisit le bras d'un Arlequin et se remet avec lui à galoper; tandis que le pauvre Dupont, qui ne s'est pas relevé assez vite, reçoit sur lui des pieds de plusieurs galopeurs, et ne se relève que couvert de contusions.

Notre homme, qui souffre beaucoup des genoux, des épaules et du dos, quitte le bal en boitant et rentre se coucher à son hôtel, en disant:

— Voilà assez d'amusement pour cette nuit.

Mais Dupont ne se tient pas pour battu, bien qu'il l'ait été réellement. Quelques jours après il retourne au bal; cette fois c'est au casino qu'il se rend, on lui a dit que c'était le rendez-vous des femmes les plus à la mode. En effet, notre provincial est agréablement à la vue des toilettes, de l'élégance de ces dames qui étaient plutôt en costume de ville que masquées, et il se dit:

— Il n'est pas possible qu'ici on danse un galop aussi dangereux qu'au bal de l'Opéra. Au reste, par prudence, je ne galoperai pas; bornons-nous à inviter une dame pour une contredanse; c'est plus sage. Parce qu'un quadrille, c'est toujours les mêmes figures, je les connais, il n'est pas possible qu'on me jette par terre en faisant la chaîne anglaise ou la pastourelle.

Et Dupont, après s'être promené quelque temps dans le bal en cherchant une femme très-bien faite, invite enfin une assez belle personne dont les yeux langoureux se fixent sur les siens avec infiniment de complaisance.

Voilà Dupont à la danse; mais il avait pour vis-à-vis une gaillarde élève de la célèbre Rigolboche, et dont la danse hardie, excentrique était tellement renommée que l'on se disputait les places pour la voir danser.

Lorsque Dupont fait son avant-deux devant cette dame, il reçoit tout d'un coup un superbe coup de pied en plein visage, aux applaudissements et aux éclats de rire de tous les spectateurs.

Dupont seul ne rit pas: il a le nez écrasé, il veut se plaindre, mais la grande gaillarde lui dit:

— C'est votre faute!... vous êtes un serin, cher ami, vous deviez bien savoir que c'est le temps où je lève la jambe!... Quand on ne connaît point mes pas, on ne danse pas vis-à-vis de moi!... C'est pas Bribri qui aurait reçu ce coup de pied-là!

Comme Dupont souffre beaucoup de son nez qui est tout en sang, il quitte le bal et rentre encore se coucher en se disant:

— Je me suis assez amusé aujourd'hui.

Quelques jours s'écoulent, et le nez de Dupont étant guéri, il se dit:

— Retournons au bal, j'y mettrai de l'entêtement; seulement, cette fois je ne danserai pas.

Et Dupont, attiré par la longueur d'une affiche dont la largeur occupe presque à elle seule toute une colonne des boulevards, entre au bal de la salle Barthélemy. Là, la cohue est aussi pressée qu'à l'Opéra, mais la société est infiniment moins élégante, et l'odeur de la pipe, qui se mêle à celle des rafraîchissements que l'on prend dans la salle, la fumée du tabac, la poussière de la danse, donnent à ce bal un cachet tout particulier.

Cependant Dupont a distingué une petite brunette assez gentille et dont la mise se rapproche de celle d'une grisette. Elle est seule, il offre son bras et un punch. La jeune fille hésite et répond :

— Vous êtes bien honnête... j'aime beaucoup le punch... j'en prendrais volontiers, mais c'est que j'ai peur de Ronfland...

— Qu'est-ce c'est que Ronfland?

— C'est... c'est mon bon ami, un ébéniste, un bon enfant... seulement il se grise trop souvent... Je suis venue au bal avec lui... et puis il devait me faire danser... et il ne m'a pas fait danser... et il m'a quittée... et il me laisse là... C'est pas aimable, ça !...

— Du moment que M. Ronfland vous laisse là, il me semble que vous êtes bien libre de faire ce qui vous plaît, et d'accepter mon bras et un verre de punch; vous ne pouvez pas rester seule dans cette foule, vous avez besoin d'un cavalier.

— C'est vrai que ce n'est pas amusant d'être seule... Je ne comprends pas Ronfland, il me laisse près de l'orchestre en me disant : « Reste là, je reviens tout de suite. » Il y a plus d'une heure de cela, et il n'est pas revenu...

— Il vous a oubliée.

— Oh ! je suis sûre qu'il est allé se rafraîchir.

— Sans vous? Ce n'est pas poli. Vous voyez bien que vous avez le droit d'en faire autant.

— Ma foi, oui, au fait... tant pis pour Ronfland... après tout, c'est sa faute.

Dupont a passé le bras de la petite brunette sous le sien. Il la conduit au café du bal, fait venir du punch, en verse à sa nouvelle connaissance qui en boit volontiers, mais ne cesse de répéter :

— Après cela, vous me ferez danser, n'est-ce pas, monsieur? car on ne vient au bal pour ne point danser.

Et Dupont, qui ne se soucie nullement de se livrer à la danse, continue de verser du punch tout en répondant :

— Oui, plus tard, nous avons le temps... il y a maintenant trop de monde dans le bal, nous aurions trop chaud, il vaut mieux nous rafraîchir.

Mais tout à coup un jeune homme, coiffé d'une espèce de toque posée en tapageur sur l'oreille, arrive comme une bombe, frappe sur la table, renverse le bol de main le bol de punch et les verres, et applique une paire de soufflets à la petite brunette en s'écriant :

— Ah! voilà comme tu te conduis, Joséphine! ah! je t'y prends!... ah! je te mène au bal et tu me fais des traits avec d'autres! je vas te remettre!... méchante coureuse!

Mademoiselle Joséphine se met à pleurer en criant :

— Ronfland, vous êtes encore gris... je ne vous fais pas de traits... fallait pas me quitter... vous êtes un ivrogne... je ne vous aime plus!

Cependant Dupont n'était pas d'humeur à laisser souffleter une femme avec laquelle il était; il commence par se lever et, ramassant le bol vide qui roule sur la table il s'en sert pour écraser le nez de Ronfland, en se disant :

— Parbleu! on m'a dernièrement abîmé le mien, je ne suis pas fâché de prendre un peu ma revanche.

Mais le jeune homme à la toque, furieux en se sentant frapper, saute sur Dupont qui perd l'équilibre et tous deux roulent par terre en continuant à se cogner.

La garde arrive, on sépare ces messieurs : on met à la porte Ronfland et sa belle. Dupont est obligé de payer la casse, et somme en roulant dans les verres brisés il s'est fait une blessure assez grave au visage il se hâte de prendre un fiacre pour regagner son domicile, en se disant :

— J'ai ce que je mérite !... je me suis fourvoyé !... Décidément ce n'est plus au bal que je chercherai à m'amuser.

III

MADEMOISELLE GEORGETTE

Dupont a été obligé de garder pendant huit jours la chambre, il s'était logé dans un hôtel modeste de la rue de Seine. Pour passer ce temps, qui lui semblait long, notre provincial se tenait presque constamment contre sa fenêtre. Comme il logeait à un troisième et que la maison qui se trouvait en face de la sienne n'était pas haute, de sa croisée Dupont voyait parfaitement chez une voisine, qui logeait en face dans les mansardes.

— Je n'ai pas eu de chance à Paris jusqu'à présent! se dit Dupont en se promenant lentement dans sa chambre, la tête entortillée de bandages. — J'ai fait ce que j'ai pu pour m'amuser... je n'y ai guère réussi; cependant, je dois constater que je dors moins... surtout depuis que j'ai reçu cette blessure à la tête!... Je n'irai plus au bal chercher des bonnes fortunes. Mais on va quelquefois chercher bien loin ce qu'on a tout près de soi !... car dans une de ces chambres mansardées en face, j'ai aperçu une jeune fille... fort gentille ma foi ! et surtout fort bien faite... je puis d'autant mieux en juger que je la vois dans un grand négligé, en camisole du matin et en petit jupon de futaine... autant que je puis en juger d'ici... Mais comme ce simple négligé est piquant!... il permet d'admirer une taille bien prise, bien souple et des hanches!... oh! comme cela est bien accusé!... les belles formes!... il est impossible de ne point être amoureux de ces formes-là!...

Et Dupont, ouvrant sa croisée quoique le froid fût assez vif, s'y campe bravement et braque ses regards sur la fenêtre de sa voisine. Cette fenêtre est fermée, mais les rideaux ne sont pas tirés, et il est facile d'apercevoir la jeune fille qui habite là, et qui alors est justement en train de se coiffer devant un petit miroir attaché à l'espagnolette de la croisée.

— Sa figure est drôlette, se dit Dupont, des yeux bruns très-éveillés, un nez retroussé... de ces nez à la Roxelane... la bouche... hom! la bouche n'est pas petite, mais elle est bien garnie... et puis elle sourit fort agréablement; au total sa figure n'a rien d'extraordinaire et je préfère la taille... Ah! bon, la voilà qui va et vient dans la chambre... toujours dans ce charmant costume, camisole blanche bien serrée à la taille, et ce petit jupon rayé qui se drape si bien sur ses formes arrondies... je ne vois ni la jambe ni le pied, mais ce doit être admirable; une taille mince et bien prise annonce presque toujours une jambe bien faite... Décidément je suis amoureux fou de cette taille-là; il faut que je fasse connaissance avec cette jeune fille... elle a dû remarquer mon assiduité à la lorgner... cela ne semble pas lui déplaire, son air n'a rien de farouche, au contraire, il y a sur sa physionomie une expression de gaieté, même de malice... que j'aurai à vous encourager à faire sa connaissance. Ce doit être une ouvrière... Dès que je sortirai, je m'en informerai chez le portier en face... je sais comment on fait jaser ces gens-là.

En attendant, Dupont, tout préoccupé de sa voisine, dort beaucoup moins et même passe quelquefois la nuit sans dormir. Ceci était déjà un progrès, et il se disait :

— Comme ma femme me trouvera changé quand je retournerai à Brives-la-Gaillarde !... si seulement pour que là-bas l'envie de dormir ne me reprenne.

Sa blessure était guérie, Dupont peut débarrasser sa tête de tous les bandages qui l'entortillaient; il se hâte de quitter sa chambre, se rend dans la maison où demeure la jeune fille au jupon rayé, et entre chez le concierge, car à Paris les portiers sont tous devenus des concierges; comme les boutiques sont devenues des magasins; les marchands de vin, des maisons de commerce; les coiffeurs, des salons où l'on rajeunit; les épiciers, des entrepôts de denrées coloniales; les boulangers, des pâtissiers; les marchands de confection, des tailleurs; les libraires, des cabinets de lecture; les cafés, des restaurants;

les entreprises de bouillons, des traiteurs; enfin, il n'est pas jusqu'à ces messieurs qui travaillent la nuit qui ne prennent le titre d'employés à la poudrette.

Dupont aborde le concierge de son air le plus aimable, lui glisse dans la main son argument irrésistible; le concierge, qui se trouve alors être une femme, et qui ne demande qu'à parler, s'empresse de quitter sa petite feuille illustrée à un sou, et répond à ce monsieur sans reprendre haleine :

— La jeune fille qui loge au troisième, la seconde fenêtre à gauche; se nomme Georgette, c'est une brodeuse; oh! mais elle a beaucoup de talent, il paraît qu'elle brode comme une fée!... elle a, je crois, vingt ans, elle n'est à Paris que depuis peu de temps; c'est une Lorraine, elle est fort gaie, cause volontiers, et cependant je la crois très-sage... Après cela je n'en mettrais pas ma main au feu!... il ne faut jamais mettre sa main au feu pour ces choses-là!... on se brûlerait trop souvent. Mais enfin, je ne vois point d'homme venir chez mademoiselle Georgette, en connaît-elle dehors... c'est ce que je ne sais pas! vous comprenez bien que quand cette jeune fille sort, je ne la suis pas. Mais, du reste, elle mène une conduite assez régulière; ne va pas au bal, quoique ce ne soit pas je crois l'envie qui lui manque, car je lui ai entendu dire plusieurs fois : «Qu'on est heureux de pouvoir s'amuser!... quand donc aurai-je vingt mille francs de rente!... » mais quoiqu'elle ne les ait pas, elle ne m'en est pas plus triste, car elle chante toujours; voilà tout ce que je puis vous dire sur son compte, vu que je n'en sais pas davantage.

Dupont se gratte le front en murmurant :

— Vingt mille francs de rente! diable! ce n'est pas moi qui les lui donnerai.

Puis il reprend :

— Et cette jeune fille est brodeuse?

— Oui, monsieur.

— Dans quoi?

— Comment, dans quoi?

— Je veux dire : que brode-t-elle?

— Dame! des cols, des mouchoirs, des bonnets, tout ce qu'on veut lui faire broder.

— Alors je pourrais la prier de me broder quelque chose...

— Vous en avez le droit.

— Très-bien... je monte chez mademoiselle Georgette.

— C'est au troisième, monsieur.

— Oh! je sais.

— Oui, mais il y a plusieurs portes, c'est celle où il y a une brosse à dents qui sert de gland de sonnette.

— Je m'en souviendrai.

Tout en montant l'escalier, Dupont se dit :

— Que diable pourrais-je me faire broder... ah! une cravate!... je crois que ce n'est pas la mode, les hommes ne portent plus de cravates brodées... n'importe, je dirai que c'est la mode à Brives-la-Gaillarde; et puis, qu'importe à cette jeune fille... pourvu qu'on lui procure de l'ouvrage!

Dupont est arrivé au troisième, où il y a plusieurs portes, mais il aperçoit la petite brosse à dents attachée au bout d'un cordon de sonnette et il va hardiment la tirer.

C'est mademoiselle Georgette qui ouvre sa porte et qui sourit d'un air malin en apercevant la personne qui vient la voir. La jeune fille est toujours en camisole blanche et en petit jupon de futaine; ce costume lui sied beaucoup; il fait valoir tous ses avantages; si nous l'osions, nous dirions que ce costume-là sied à toutes les femmes... ajoutons cependant : pourvu qu'elles soient bien faites.

— Mademoiselle Georgette... brodeuse? dit Dupont en se donnant un certain air protecteur.

— C'est moi, monsieur.

— Mademoiselle... je venais... je serais bien aise... on m'a dit...

— Entrez donc, monsieur, je ne reçois pas mes visites sur le carré.

Dupont ne demande pas mieux que de se rendre à cette invitation. Il pénètre dans une chambre qu'il n'avait encore entrevue que par sa fenêtre. Cette pièce est bien modestement meublée, mais il y règne une extrême propreté : le carreau est ciré et frotté; les meubles n'ont point un grain de pous-

sière; le lit est bien fait et bien blanc, et tout cela fait déjà l'éloge de la personne qui l'habite. Démosthène, interrogé sur ce qui constituait l'orateur, répondit : l'élocution, l'élocution, l'élocution. Un roi philosophe, questionné sur ce qui fait tomber les remparts d'une ville, répondit : l'argent, l'argent, l'argent. Enfin Ninon, à qui l'on demandait ce qui fait la vraie parure des femmes, répondit : la propreté, la propreté, la propreté.

La jeune fille présente une chaise à Dupont, elle fait les honneurs de chez elle avec infiniment d'aisance et ne semble nullement intimidée devant ce monsieur. Alors c'est lui, au contraire, qui, tout en voulant se donner de l'importance, devient extrêmement gauche et a beaucoup de peine à trouver ce qu'il veut dire, d'autant plus que mademoiselle Georgette semble attendre qu'il parle, d'un air où perce une grande envie de rire.

— Mademoiselle... je suis venu pour...

— Pour quelque chose, je le présume, monsieur.

— Oui, mademoiselle, on m'a dit... que vous brodiez...

— On ne vous a pas trompé. Vous avez quelque objet à faire broder?

— Oui... c'est-à-dire... je ne sais pas si on porte des cravates brodées...

— Non, monsieur, ce n'est plus la mode...

— Ah! et des manchettes?

— Pas davantage...

— Et... des mouchoirs?

— Pour les dames... oh! oui monsieur, on fait de fort belles broderies sur les mouchoirs...

— Ah! très-bien! on brode des mouchoirs!...

Et Dupont, tout en causant, jetait fréquemment ses regards sur les pieds de la jeune fille; ces pieds étaient petits, mignons, bien cambrés, la naissance de la jambe était très-fine et tout cela lui donnait des distractions; et il continue pendant quelque temps de murmurer :

— Ah! on brode des mouchoirs!...

Et bientôt mademoiselle Georgette part d'un grand éclat de rire qui achève de déconcerter son visiteur, qui la regarde d'un air étonné, en disant :

— Vous êtes très-gaie, à ce que je vois, mademoiselle.

— En effet, monsieur, je n'engendre pas la mélancolie.

— Et pourrait-on vous demander ce qui, en ce moment, provoque votre gaieté?

— Mais c'est vous, monsieur.

— Moi!... ah! c'est moi qui vous fais rire... vous me trouvez donc bien drôle, mademoiselle?

— Drôle n'est pas le mot, monsieur... mais franchement peu adroit pour trouver un prétexte...

— Un prétexte... comment?... je ne saisis pas...

— C'est cependant assez facile à comprendre. Vous vouliez avoir un motif... une raison pour venir chez moi... car vous n'avez rien à faire broder.

— Qui vous fait penser cela, mademoiselle?

— Est-ce que vous croyez que je ne vous reconnais pas monsieur?

— Ah! vous me reconnaissez?

— Sans doute, vous demeurez dans le petit hôtel en face, d'où vous passiez votre temps à me lorgner... à me lancer des œillades...

— Ah! vous avez remarqué cela?

Ici Dupont se rengorge, il est content d'avoir été remarqué, il en tire un augure favorable. La jeune brodeuse continue :

— Oui, monsieur, j'ai remarqué cela... à moins d'être aveugle, comment ne l'aurais-je pas vu!... Encore l'autre jour, vous vous êtes mis à la fenêtre, il faisait un froid horrible... aussi vous aviez le nez bleu! j'avais bien envie de vous faire des grimaces...

Ici Dupont se pince les lèvres et ne se rengorge plus.

— Je ne l'ai pas fait, parce que j'ai présumé, en voyant votre tête entortillée, enveloppée... que vous étiez blessé ou malade... et il faut avoir pitié des gens qui souffrent; mais il paraît que vous êtes guéri maintenant...

— Oui, mademoiselle, je m'étais battu en duel... j'étais blessé à la tête.

— Ah! vous vous battez en duel, monsieur, et peut-on, sans être trop curieuse, vous demander quel était le motif de votre duel?

— C'était une dame... très-distinguée, avec laquelle je me trouvais et qu'un quidam se permettait de regarder... de trop près.

— Se battre pour une dame! c'est fort bien cela... et cela me fait pardonner vos œillades : mais enfin, monsieur, pourquoi êtes-vous venu chez moi, aujourd'hui?

— Puisque vous devinez tout si bien, mademoiselle, vous devez facilement vous en douter... je vous ai aperçue de ma fenêtre... je vous ai trouvée charmante, et je désirais faire votre connaissance.

— A la bonne heure, voilà de la franchise; et dans quel but voulez-vous faire ma connaissance... vous espérez peut-être faire de moi votre maîtresse?

— Mademoiselle... je ne dis pas cela...

— Non, mais vous le pensez! est-ce que ce n'est pas toujours là ce que veulent en venir les hommes quand ils rencontrent une pauvre fille assez faible, assez sotte pour les croire; mais je veux bien vous avertir qu'avec moi vous perdrez votre temps...

— En tous cas, mademoiselle, il est difficile de le perdre plus agréablement que dans votre compagnie!...

— Ceci est fort aimable. Mais, monsieur, je vous avouerai que j'aime beaucoup à connaître les personnes que je reçois. Or, monsieur, je ne vous connais pas...

— C'est juste, mademoiselle, c'est très-juste, il faut savoir à qui l'on a affaire.

Et Dupont, qui avait préparé d'avance sa petite histoire, se redresse sur sa chaise et poursuit :

— Mademoiselle, je suis... Américain; j'étais dans le commerce, je l'ai quitté; j'ai une fortune suffisante pour être heureux; je suis veuf, sans enfants, par conséquent maître de faire tout ce qui me plaît.

— Fort bien, monsieur, et vous vous nommez...

— Je me nomme... Dupont.

— Dupont, c'est un nom bien français, cela; je croyais que les Américains avaient des noms un peu anglais...

— Cela dépend de leur origine : ma famille était française. Maintenant que vous savez qui je suis, me permettrez-vous, mademoiselle, de venir vous faire ma cour?

— Je n'y vois pas d'inconvénient... pourvu que vous ne m'ayez pas menti! car je vous en préviens, je déteste les menteurs.

Dupont s'incline en se grattant le nez et reprend :

— Mademoiselle, vous avez désiré savoir qui j'étais, j'ai satisfait à vos désirs. De mon côté, me serait-il permis...

— De savoir qui je suis... Oh! ce sera bientôt dit : vous savez déjà que je me nomme Georgette et que je suis brodeuse. Je suis née à Toul, une jolie ville de la Lorraine, aux environs de Nancy. Mes parents n'étaient point riches; nous étions trois sœurs : je suis la plus jeune. Mes deux aînées vinrent à Paris dans l'espérance d'y devenir plus heureuses et de pouvoir faire alors du bien à nos parents... elles n'ont pas réussi... Pauvres sœurs!... Alors... elles sont retournées chez nous...

— Et vous êtes venue à Paris à votre tour. Je m'étonne que vos parents aient consenti à vous laisser partir... ils devaient craindre que vous ne fussiez pas plus heureuse que vos sœurs!...

— Oh! mais, moi, j'ai voulu venir à Paris... je l'avais résolu... et quand je veux une chose, il faut qu'elle se fasse.

— Ceci annonce du caractère.

— Oui, monsieur, j'en ai et beaucoup.

— Et depuis que vous êtes à Paris, vous y plaisez-vous?

— Comme cela... pas trop!... Certainement il y a bien de quoi s'amuser à Paris, on peut y prendre tant de plaisir!... les spectacles, les bals, les promenades, les concerts, tout cela est charmant pour ceux qui peuvent se procurer ces agréments... Mais quand on reste dans sa chambre tout le long de la journée et que l'on passe sa soirée à travailler ou à lire, on ne jouit guère du séjour de Paris.

— C'est fort juste. Mais qui vous empêche de connaître tous ces plaisirs qui vous font envie?

— Est-ce qu'une femme qui est seule peut aller courir les spectacles et les promenades?

— Non, sans doute; mais vous n'avez pas dû manquer de cavaliers qui vous ont offert leur bras.

— En effet, mais je ne vais pas avec tout le monde, moi monsieur; je n'accepte pas le bras du premier venu! Certainement, si j'avais voulu écouter tous ces jeunes gens qui ont déjà suivi mes pas... qui m'ont accablée de leurs sottes déclarations d'amour... amour qui leur avait pris tout de suite en me voyant passer dans la rue! oh! les occasions ne m'auraient pas manqué!... mais ce n'est pas cela que je veux!...

Dupont se caresse le menton, se disant en lui-même :

— Elle est difficile... elle ne veut pas sortir avec un gamin!... elle veut faire la connaissance d'un homme comme il faut... Toutes les chances sont en ma faveur.

Mademoiselle Georgette avait repris sa broderie, tout en regardant en dessous la figure que faisait son visiteur. Celui-ci regarde son ouvrage et s'écrie :

— Mademoiselle, vous brodez dans la perfection...

— Vous trouvez, monsieur; est-ce que vous vous y connaissez?

— Oui, j'ai ma fe... j'ai ma sœur qui brodait aussi.

— Elle est en Amérique?

— Oui... elle y est restée.

— Moi, monsieur, il n'est pas étonnant que je sache broder assez bien, je suis d'un pays dont les broderies sont renommées. C'est à Nancy que l'on fait ce qu'il y a de mieux en ce genre.

— Et vous êtes de Nancy?

— Non, mais Toul en est tout proche. Eh bien, décidément, faites-vous broder des mouchoirs?

Dupont se met à rire, puis répond :

— Ma foi non; et puisque vous avez si bien deviné que je n'étais venu que dans l'espoir de faire votre connaissance... eh bien! mademoiselle, serai-je assez heureux pour que vous me permettiez de la cultiver... de revenir vous voir... et même de vous offrir quelquefois mon bras pour vous mener au spectacle ou à la promenade?...

Mademoiselle Georgette réfléchit quelques instants, regarde encore Dupont et lui dit :

— Vous ne m'avez pas menti dans tout ce que vous m'avez dit de votre position? vous êtes bien libre et veuf?

Et Dupont répond sans hésiter :

— Non, mademoiselle!... je ne vous ai pas menti!...

— En ce cas monsieur, venez me voir... je le veux bien.

— Ah! mademoiselle, vous me rendez le plus fortuné des hommes!

— Mais il ne faut pas faire vos visites trop longues... cela pourrait me compromettre.

Dupont se lève, salue la jeune brodeuse et s'éloigne en se disant :

— Elle est à moi!... ce sera peut-être plus long que je n'aurais voulu, mais ceci n'est plus qu'une question de temps. Elle est à moi!... et je n'ai plus du tout envie de dormir.

IV

LE JEUNE CULINET

Une quinzaine de jours s'est écoulée, Dupont va très-souvent chez sa voisine, dont il est plus épris que jamais, car aux charmes de sa personne mademoiselle Georgette joignait de l'esprit, de la gaieté, une conversation fort piquante; il n'en fallait pas tant pour tourner la tête à notre provincial, qui ne perdait l'appétit, et ne dormait plus deux heures de suite dans la nuit, parce que son amour n'était nullement satisfait, et ses désirs augmentaient avec la vue de celle qui les faisait naître: mais il n'était pas plus avancé de ce côté que le premier jour. S'il prenait la main de la jeune fille, elle la lui retirait en riant; s'il essayait de l'embrasser, elle le repoussait vivement; s'il se hasardait à lui pincer le genou, s'il voulait lui serrer la taille, elle prenait un air sévère et lui disait d'un ton fort décidé :

— Si vous ne finissez pas, je vais vous mettre à la porte, je ne vous recevrai plus.

Alors Dupont se voyait bien obligé de cesser ses tentatives audacieuses, et il s'en allait en se disant de nouveau :

— Ce sera long... ce sera bien plus long que je ne croyais. Certainement j'en viendrai à mes fins, parce que, si cette jeune fille ne me trouvait pas à son gré, elle n'aurait pas consenti à recevoir mes visites, et elle ne sortirait pas avec moi... et elle n'accepterait pas mes cadeaux. Elle fait la cruelle... pour donner plus de prix à sa possession... ceci est de la coquetterie... de la rouerie même... mais cela ne saurait toujours durer.

En effet, mademoiselle Georgette acceptait volontiers le bras de Dupont pour aller au spectacle, au concert ou à la promenade. Quant au bal, Dupont n'offrait point d'y aller, et elle ne semblait pas le désirer; mais ce que jusqu'alors elle avait toujours refusé, c'était un dîner chez le traiteur en cabinet particulier.

— Je veux bien dîner avec vous dans un restaurant, disait-elle à Dupont, mais nous dînerons dans un salon avec tout le monde.

En vain Dupont lui répétait :

— On n'est pas si bien servi dans un salon... et puis... c'est mauvais genre... les dames qui dînent chez le traiteur ne se mettent jamais dans les salons.

Georgette était inflexible. Elle ne cédait pas. En général, elle n'avait pas l'air d'aller avec Dupont pour être avec lui, mais bien plutôt pour voir le monde et s'y faire voir elle-même.

La toilette de Georgette était fort modeste, Dupont s'était dit :

— On prend les femmes par la parure, par la coquetterie; et il avait envoyé chez la jeune brodeuse un assez joli châle, une robe de soie et un chapeau à la mode. On avait reçu ces présents sans faire aucune façon; le jour même on s'est était parée pour l'air d'aller avec lui au théâtre de l'Opéra-Comique; et lorsque, en ramenant le soir sa voisine à sa demeure, Dupont lui avait demandé la permission de monter chez elle un moment, celle-ci lui avait fermé la porte au nez, en lui disant :

— Par exemple ! c'est déjà bien assez de vous recevoir dans la journée.

Au bras de Dupont, mademoiselle Georgette faisait fréquemment des conquêtes; alors notre provincial était jaloux, car il trouvait que sa compagne était parfois distraite et qu'elle s'occupait trop des hommes qui la lorgnaient et pas assez de lui.

Puis la jeune brodeuse se montrait curieuse; souvent au spectacle elle lui désignait un beau jeune homme fort élégant, en lui disant :

— Connaissez-vous ce monsieur qui est dans cette loge... en face de nous, et qui tient un binocle à sa main ?

— Non, je ne le connais pas du tout, répondait Dupont avec humeur, je ne connais personne à Paris.

— Ah ! c'est vrai, j'oubliais que vous arrivez d'Amérique !... C'est dommage !

— Pourquoi, est-ce dommage ?

— Parce que vous ne connaissez personne à Paris.

— Et quand je connaîtrais ce jeune homme que vous me désignez, à quoi cela m'avancerait-il ?

— Mais... à rien... c'était simplement pour savoir.

Puis, une autre fois, c'était un homme d'un âge mûr, mais qui était mis à la dernière mode et singeait toutes les manières d'un jeune dandy, que mademoiselle Georgette remarquait à la promenade et qu'elle montrait à son fidèle cavalier, en lui disant :

— Savez-vous qui est ce monsieur ?

— Et comment diable voulez-vous que je le sache !

— Ah ! c'est vrai... vous arrivez d'Amérique... je n'y pensais plus.

Rentré chez lui, Dupont se disait :

— Pourquoi donc me questionne-t-elle ainsi sur les hommes que nous rencontrons à la promenade ou au spectacle ? Ça ne m'amuse pas du tout !... Elle est très-coquette cette jeune fille... elle ne baisse pas les yeux quand on la regarde... elle a l'air enchanté de faire des conquêtes !... Cependant elle est sage, très-sage !... je le sais mieux que personne... mais elle ne demande qu'à sortir, à se faire voir. Ah ! elle est si bien faite ! Quand je lui donne le bras, tout le monde admire sa tournure, sa taille surtout !... et son pied, et sa jambe !... Comment ne deviendrait-on pas amoureux de tout cela... j'en perds le boire et le manger... et j'en ai depuis longtemps perdu le dormir... je maigris; je n'en suis pas fâché, certainement; mais je maigris à vue d'œil; si cela continue, au lieu de ressembler à Polichinelle, j'aurai l'air d'un Pierrot.

Dupont était un jour, depuis quelques minutes, chez sa jolie voisine; il la regardait broder et s'efforçait de lui persuader qu'il l'adorait, ce que la jeune fille écoutait d'une façon assez indifférente et comme quelqu'un qui pense à autre chose qu'à ce qu'on lui dit, lorsque deux petits coups furent frappés à sa porte.

— On a frappé chez vous ? dit Dupont d'un air surpris.

— En effet... j'ai cru entendre...

— Est-ce que vous attendez du monde ?

— Non; mais pourquoi ne m'en viendrait-il pas ? vous êtes bien venu, vous, que je n'attendais pas.

— Tenez... on frappe de nouveau; oh ! c'est bien chez vous!

— Entrez ! crie Georgette, la clef est sur la porte !...

Et en effet, la jeune brodeuse avait soin de toujours laisser sa clef en dehors lorsque Dupont était chez elle, afin de donner moins de prise à la médisance.

On a ouvert la porte, et un jeune homme se présente et s'arrête sur le seuil. Il doit avoir vingt ans, c'est à peine s'il les paraît. Sa figure fraîche et naïve est toujours juvénile; ses grands yeux bleus, doux et tendres, ont presque le charme des yeux d'une femme; un léger duvet couvre son menton; son front est encore pur de toute ride et ses cheveux châtain-clair y flottent naturellement et au hasard, sans que la main du coiffeur ait passé dans sa chevelure. C'est au total un fort joli garçon, d'une taille moyenne, mais svelte, gracieuse, et dont la mise n'est pas celle d'un paysan ni d'un enfant de Paris.

Il porte un pantalon de drap presque collant; de grandes guêtres de cuir par-dessus le pantalon, un gilet de velours à boutons de métal, puis une grosse veste de chasse en drap à longs poils. Enfin il tient à sa main un petit chapeau de feutre à forme ronde et à grands bords, et un gros bâton noueux.

— Mam'zelle Georgette, s'il vous plaît ? dit le jeune homme arrêté sur le seuil de la porte.

Mais aux accents de cette voix, la jeune brodeuse s'est levée vivement, en s'écriant :

— Colinet !... c'est Colinet !...

Et elle court vers celui qui se présente, elle lui prend les mains, puis la tête, et l'embrasse à plusieurs reprises, avec toutes les marques de la joie la plus vive, en disant :

— Ce cher Colinet !... ah ! que je suis contente de te voir !...

Et le jeune homme répond :

— Et moi aussi, mam'zelle Georgette, je suis bien content de vous revoir !... car on m'avait dit que Paris était si grand !... j'avais peur de ne pas vous y trouver !

Dupont regarde tout cela en faisant une singulière figure et en se disant :

— Il paraît qu'elle se laisse embrasser cependant ! il y a même mieux, c'est elle qui embrasse la première... Diable ! diable ! est-ce que je ne serais qu'un imbécile ! ce serait humiliant !

Georgette prend le jeune homme par la main, le fait entrer et le présente à M. Dupont, en disant :

— Vous voyez un de mes amis d'enfance... Oh ! nous avons bien joué ensemble étant petits... n'est-ce pas Colinet ?

— Oui, mam'zelle Georgette !

— Pourvu qu'ils ne veuillent pas y jouer encore étant

grands ! » pense Dupont, qui est forcé de convenir que le jeune homme est fort gentil, et murmure :

— Monsieur est de votre pays ?

— Oui, sans doute, et il en arrive, n'est-ce-pas, Colinet, que tu en arrives ?

— Oui, mam'zelle, je suis arrivé hier au soir au Plat-d'Étain, où je loge ; carré Saint-Martin.

— Et ma mère, mon père, mes sœurs... donne-moi donc de leurs nouvelles ?

— Tout le monde se porte bien, grâce au ciel, et chacun m'a chargé de bien vous embrasser.

— Eh bien, embras- sez-moi pour chacun.

Le jeune Colinet s'empresse d'aller de nouveau embrasser Georgette. Dupont fait un nez d'une aune en se disant :

— Est-ce qu'ils vont passer leur temps à s'embrasser ? Voilà un gaillard qui en obtient plus en deux minutes que moi depuis un mois. Il faut abso- lument que je change de batterie.

Lorsque le jeune Colinet a fini d'em- brasser, Georgette le fait asseoir et lui dit :

— Est-ce que mes sœurs ne t'ont rien remis pour moi ?

— Ah ! pardon... mam'zelle Aimée, vo- tre aînée, m'a remis une lettre que j'ai là dans ma poche...

— Ah ! donne, donc bien vite.

M. Colinet remet une lettre à Georgette qui s'en empare avec vivacité, brise le ca- chet et va la lire dans l'embrasure de la fe- nêtre, sans s'inquié- ter de la compagnie. Dupont se tourne alors vers le nouveau venu et lui dit :

— Etiez-vous déjà venu à Paris ?

— Non, monsieur, c'est la première fois.

— Est-ce que vous venez vous y fixer ?

— Oh ! non, mon- sieur. J'ai même bien promis à ma mère de ne pas y rester plus de quatre jours... je repartirai samedi.

— Cette réponse cause une vive satisfaction à Dupont, qui craignait déjà de trouver tous les jours le jeune homme chez sa payse. Il reprend d'un air plus aimable :

— Vous êtes dans le commerce ?

— J'élève des brebis et mon père des veaux.

— C'est un fort bel état ! Nos premiers parents élevaient des bestiaux, plus ou moins ; nous autres, maintenant, nous nous contentons de les manger, et nous avons d'autant plus tort que ce n'est pas le moyen de multiplier les races.

Mademoiselle Georgette a terminé sa lecture, qui semble l'avoir vivement intéressée ; en l'achevant, elle laisse échapper un « enfin ! » qui semble dire bien des choses.

Dupont satisfait de savoir que le jeune Colinet ne restera que peu de temps à Paris, prend son chapeau en disant à sa voisine :

— Je vous laisse avec votre compatriote... un ami d'en- fance... on a bien des choses à se dire !

— Je ne vous retiens pas, répond Georgette en souriant.

— Elle ne me retient pas ! parbleu, je le vois bien ! se di Dupont en s'éloignant. Elle ne me retient jamais ! Oh ! c'est trop long... je me dessèche !... Ce jeune Colinet l'a embrasseet plus de dix fois ! il est bien temps que mon tour arrive.

V

UN GARÇON NAIF

Le lendemain, lors- que Dupont se rend, dans la journée, chez sa voisine, il y trouve le jeune Colinet qui a toujours l'air aussi ti- mide que la veille, qui reste assis devant Georgette et la regar- de travailler sans souf- fler mot, mais a l'air bienheureux , rien qu'en la regardant.

— Eh bien, mon- sieur Colinet, dit Du- pont, vous êtes-vous amusé depuis hier, avez-vous fait un peu connaissance avec Paris.

— Monsieur, j'ai été voir les animaux au Jardin des Plantes... mais j'aime mieux mes brebis que les lions et les tigres. Je me demande pour- quoi on leur fait de si belles cages, tandis que mes moutons n'ont souvent pas de maisons.

— Monsieur Coli- net, on loge les tigres dans des cages parce qu'ils sont méchants et qu'on en a peur. Quant à vos moutons, comme ils ne font de mal à personne, au contraire, on ne s'oc- cupe pas d'eux... mais on les laisse paître en liberté. C'est bien quelque chose cela.

— Mes brebis ne trouvent pas toujours de quoi paître dans les champs, tandis que j'ai vu donner d'énormes quartiers de viande à vos vilains tigres.

— Toujours par la même raison ! On en a peur, donc il faut qu'ils soient bien nourris !

— Colinet, il faut que tu ailles au spectacle pendant que tu es à Paris.

— Avec vous, mam'zelle Georgette ?

— Oui, Monsieur Dupont, que voilà, nous y mènera tous les deux.

— Allons, bon ; il faut que j'amuse aussi M. Colinet, se dit Dupont. Mais, après tout, j'aime mieux cela que si elle y allait seule avec lui.

— Voulez-vous bien nous mener ce soir au théâtre ? reprend Georgette en s'adressant à Dupont.

— Comment donc, mademoiselle, mais avec le plus grand

Ie lui prend les mains, puis la tête, et l'embrasse à plusieurs reprises. (Page 7.)

plaisir. Ne suis-je pas toujours à vos ordres et trop heureux de vous être agréable.

— Oui, monsieur, je sais que votre complaisance est extrême... mais, cependant, je ne voudrais pas en abuser.

— Vous ne sauriez trop la mettre à l'épreuve... Vous connaissez mes sentiments pour vous, je n'en fais pas mystère, je suis votre fidèle chevalier !

— Le jeune Colinet regardait tour à tour Dupont et Georgette, il avait l'air de chercher à les comprendre. La jolie brodeuse part d'un éclat de rire, en disant :

—Alors, nous irons au Cirque-National... on y joue des féeries avec changements à vue, cela t'amusera, Colinet.

— J'irai où vous voudrez, mam'zelle Georgette.

— C'est singulier, se dit Dupont, elle le tutoie ce jeune homme, et lui ne la tutoie pas...Après tout, cela vaut mieux que si c'était le contraire.

Le soir, Dupont conduit mademoiselle Georgette et le jeune Colinet au Théâtre du Cirque du boulevard du Temple. Je n'ai pas besoin de vous dire que tous les théâtres qui donnaient tant de gaieté à ce boulevard n'étaient pas encore démolis. On jouait une féerie où les danses se mêlaient aux prestiges, aux changements de décors. Les costumes un peu légers des danseuses faisaient baisser les yeux à Colinet qui, quelquefois, détournait la tête, lorsqu'au contraire la plupart des spectateurs braquaient leurs jumelles sur les mollets de ces dames.

— Eh bien ? à quoi pensez-vous donc ? s'écriait alors Dupont en poussant le jeune homme; vous ne regardez pas au moment le plus séduisant !

Colinet rougissait en répondant :
— J'ai peur de fâcher ces dames, en les regardant pendant qu'elles lèvent la jambe de notre côté.

Eh bien ! gardez-la donc, monsieur, car c'est tout ce que vous aurez de moi. (Page 12.)

— Pauvre garçon ! décidément il n'est pas dangereux ! se dit Dupont. Mais c'est égal, ma jolie brodeuse ne s'occupe que de lui. Quand je lui parle, c'est à peine si elle me répond, elle n'a pas l'air de m'écouter. Il me tarde que le petit ami d'enfance s'en retourne garder ses brebis.

Les vœux de Dupont sont bientôt exaucés. Le samedi, Colinet a fait ses adieux à Georgette, qui le charge de deux lettres pour ses sœurs et de baisers pour ses parents. [Le jeune homme emporte tout cela et part tristement en disant à Georgette :

— Pourquoi donc ne revenez-vous pas avec moi... Je serais si heureux de vous ramener au pays... Vous vous plaisez donc bien à Paris, mam'zelle?

— Ce n'est pas tant que je m'y plaise, Colinet, mais je dois encore y rester... il le faut...

— Et le faudra-t-il longtemps ?

— Je ne sais... espérons que non... Ah ! je te le jure, Colinet, le jour qui me fera revenir chez mes parents, sera le plus beau de ma vie !

— Et pour moi aussi, mam'zelle.

— Vraiment, Colinet, vous avez donc... beaucoup d'amitié pour moi ?

— Je ne sais pas ce que j'ai... mais je ne voudrais jamais vous quitter !

—Nous nous reverrons, Colinet; pensez toujours à moi... de mon côté, je ne vous oublierai pas.

— Ah ! mam'zelle Georgette, cette promesse-là me rend tout joyeux !

Et pour prouver sa joie le pauvre garçon se met à fondre en larmes; puis il embrasse Georgette et se sauve de toute la vitesse de ses jambes, parce qu'il sent bien que s'il tardait encore il n'aurait plus le courage de s'éloigner.

Dupont se rend chez sa voisine dans l'après-midi, il la trouve triste et pensive, et lui dit :

— Je devine que le jeune gardeur de brebis est parti !

— Oui, monsieur. Il est bien heureux ! il va voir mon père et ma mère !

— Sans doute... mais ensuite c'est bien monotone de ne voir que des moutons. Voyez-vous, charmante Georgette, il n'y a rien de tel que Paris ! c'est le séjour de tous les plaisirs, c'est là que viennent se faire applaudir tous les grands talents, toutes les renommées ! Enfin, on vit réellement à Paris, tandis qu'ailleurs on ne fait que végéter !

—Si cela était vrai, monsieur, ce serait malheureux pour bien des gens, car le monde entier ne peut pas tenir dans Paris. Mais je crois, moi, que l'on peut encore être très-heureux ailleurs, quand on est près de ceux qu'on aime et que l'on sait borner ses désirs.

— C'est juste, charmante Georgette, vous parlez comme Virgile et comme Delille. C'est, je crois, le premier qui a dit :

Les vrais plaisirs aux champs ont fixé leur séjour,
On y craint plus les dieux, on y fait mieux l'amour?

Quant à faire l'amour, pourtant, n'en déplaise à Delille, on le fait très-bien à Paris, on l'y perfectionne même... et si vous vouliez être moins cruelle à mon égard... Mais vous êtes distraite, il me semble que vous ne m'écoutez pas.

— Que me disiez-vous, monsieur ?

— Là ! j'en étais sûr, vous ne m'écoutiez pas... mais je vous excuse, le départ de l'ami d'enfance vous a chagrinée. Voyons, il faut absolument vous distraire. Tenez, c'est demain dimanche, il faut nous amuser. Voulez-vous venir dîner avec moi chez le traiteur?

— Je le veux bien.

— Je viendrai vous prendre à cinq heures, soyez prête... nous irons dîner chez Bonvalet sur le boulevard...

— Où vous voudrez, cela m'est égal.

— Oui, oui, chez Bonvalet, on est très-bien, et ensuite nous irons à l'un des théâtres en face. C'est entendu, arrangé; et jusque-là je vous laisse avec vos souvenirs. Au revoir, chère voisine, à demain.

Dupont s'éloigne en se frottant les mains et se disant :

— Demain verra mon triomphe! D'ici là j'irai chez Bonvalet; je parlerai à l'un des garçons, je le mettrai dans mes intérêts, et je retiendrai d'avance un cabinet, dussé-je le payer au poids de l'or.

VI

UN CABINET PARTICULIER

Le lendemain à cinq heures, on doit penser que Dupont ne se fait pas attendre. Il arrive chez Georgette qu'il trouve en toilette, mais encore pensive et l'air soucieux.

— Décidément vous regrettez trop le petit ami d'enfance, lui dit Dupont en souriant. Vous qui étiez toujours d'une humeur si gaie, qui chantiez sans cesse... je ne vous reconnais plus.

— Ce n'est pas le départ de Colinet qui me préoccupe, répond Georgette.

— Ce n'est pas cela... Alors il y a donc autre chose?

— Peut-être bien.

— Et que vous me confierez?

— Je ne crois pas.

— En ce cas, allons dîner.

On se rend chez le traiteur du boulevard du Temple; au moment de monter l'escalier qui conduit au premier étage, trois messieurs en descendant, qui paraissaient avoir fort bien dîné. L'un d'eux, qui se trouve vis-à-vis de Dupont, pousse une exclamation de surprise en le regardant et lui frappe sur le ventre en s'écriant :

— Ah! par exemple, en voilà une de rencontre... C'est Dupont, ce cher Dupont... Comment tu es à Paris et tu n'es pas venu me voir?

Dupont devient écarlate, il balbutie, il baisse le nez et murmure :

— Ah!... c'est toi, Jolibois... Bonjour, ça va bien?... Adieu...

Et il cherche à passer avec Georgette qui tient son bras, mais le M. Jolibois le retient par le coude en disant :

— Eh bien! est-ce qu'on est si pressé quand on retrouve un ami?... Et depuis quand as-tu quitté Brives-la-Gaillarde? Et ta femme, est-elle avec toi?... Ne te sauve donc pas, voyons, je suis content de te voir, moi! Ce pauvre Dupont! Dors-tu toujours comme une marmotte? car tu ne faisais que ça quand j'étais à Brives-la-Gaillarde, et ta femme s'en plaignait. Ah! ah! elle s'en plaignait beaucoup ta chère moitié!...

Dupont est au supplice; s'il l'osait il donnerait un grand coup de poing à son ami Jolibois pour lui faire lâcher prise, quitte à le faire rouler dans l'escalier; il s'efforce de dégager son bras en murmurant :

— Jolibois, tu as dîné et très-bien dîné à ce que je vois. Mais... madame et moi nous n'avons pas dîné et nous voulons rejoindre notre société qui nous attend là-haut. J'irai te voir... mais lâche-moi, Jolibois, j'irai te voir, je te le promets... Venez, chère dame, on nous attend...

Et faisant un nouvel effort, Dupont parvient à ravoir son

bras, aussitôt il entraîne Georgette et gravit l'escalier avec elle, laissant là son ami Jolibois, qui le regarde monter en s'écriant :

— Ah! farceur! tu crois m'attraper... mais je devine... je vois ce que c'est... Dupont, tu es un farceur! mais sois tranquille, je ne le dirai pas à ta femme.

Georgette n'a pas dit un mot, elle a pitié de l'état piteux dans lequel elle voit son cavalier. On arrive dans le couloir au premier. Dupont reconnaît son garçon, il va à lui :

— Garçon, nous voudrions une table dans un salon.

— Il n'y en a plus, monsieur, elles sont toutes occupées. Le dimanche il est bien difficile d'en avoir de libres, à moins de venir beaucoup plus tôt. Mais j'ai, par hasard, un cabinet que l'on vient de quitter à l'instant, je vais vous le donner...

Dupont regarde Georgette, qui répond :

— Nous désirons dîner dans un salon. Allons faire un tour sur le boulevard, nous reviendrons plus tard, et nous trouverons probablement de la place.

— Comme vous voudrez, chère belle, répond Dupont, qui n'ose pas insister parce que la rencontre de son ami Jolibois l'a rendu tout penaud, mais qui, en s'en allant, fait encore un signe d'intelligence au garçon.

On retourne sur le boulevard, le temps n'était pas beau, il faisait humide, et il y avait de la crotte même sur le bitume, mais, comme c'était un dimanche, il y avait malgré cela beaucoup de monde sur les boulevards, parce qu'à Paris, quel temps qu'il fasse, il y a une foule de gens qui veulent absolument se promener, et, lorsque la pluie vient de tomber à torrents, reparaissent l'instant d'après, armés de leur parapluie, et se promènent en regardant les boutiques, comme si l'on était en plein été.

Dupont a offert son bras à Georgette, il ne sait comment entamer la conversation, il se sent fort embarrassé. La jeune fille jouit pendant quelques instants de sa confusion, enfin elle s'écrie :

— Eh bien, monsieur l'Américain de Brives-la-Gaillarde, la rencontre de votre ami Jolibois vous a donc rendu muet? Ce serait vraiment dommage! vous dites quelquefois de si jolies choses.

Dupont tâche de reprendre son aplomb et répond :

— Ma charmante voisine... J'avoue que cette rencontre m'a été peu agréable.

— Oh! pour cela, je le crois!

— D'abord ce Jolibois était gris... il était bien facile de voir qu'il avait trop bu... il ne savait plus ce qu'il disait... il me reconnaissait... et puis ensuite il me prenait pour un autre...

Georgette s'arrête, elle regarde son cavalier entre les deux yeux et lui dit d'un ton fort sec :

— Monsieur Dupont, est-ce que vous me prenez pour une imbécile?

— Moi, mademoiselle, mais Dieu m'en garde!... J'ai eu tout le loisir de voir, au contraire, que vous avez beaucoup d'esprit... que vous raisonnez parfaitement... que vous avez aussi beaucoup de finesse et de malice.

— Alors, monsieur, n'essayez donc plus de continuer les mensonges que vous m'avez faits, et auxquels, du reste, j'ajoutais peu de foi; car vous avez bien plutôt l'air d'un Limousin que d'un Américain. Vous n'avez jamais été Américain... Vous arrivez de Brives-la-Gaillarde, ainsi que vient de vous le dire votre ami Jolibois. Mais ce que je vous pardonne moins, c'est de vous être fait passer pour veuf, tandis que vous avez encore votre femme! Fi, monsieur, fi! renier sa femme! c'est indigne cela!

Dupont voit qu'il faut renoncer à mentir. Il balbutie :

— Mademoiselle... Eh bien... c'est vrai... je l'avoue... Mais je désirais tant faire votre connaissance... Et si je vous avais dit que j'étais marié... vous n'auriez peut-être pas voulu me recevoir.

— Pourquoi donc cela? Au contraire, cela m'eût donné plus de confiance en vous... j'aurais su que! Voilà un homme qui ne cherche pas à me tromper. Mais se prétendre veuf... vouloir faire ici le garçon, tandis que votre pauvre femme gémit de votre absence sans doute!

— Oh non, quant à cela, vous pouvez être tranquille! Ma femme ne gémit pas du tout de mon absence! Elle a été une des premières à m'engager à venir à Paris et à m'y rendre sans elle.

— Et à vous y dire garçon?

— Je n'affirmerais pas que cela ait été jusque-là; mais quand une femme permet à son mari de voyager sans elle, c'est qu'elle veut bien qu'il fasse le garçon; car enfin, chère petite voisine, les hommes ne sont pas des nonnes... et vous comprenez bien...

— Assez, monsieur, assez! pas un mot de plus sur ce sujet.

— Je le veux bien. Oh! je ne demande pas mieux. Mais il me semble qu'il tombe des gouttes.

— En effet, il pleut. Retournons chez ce traiteur, il y aura peut-être de la place maintenant.

On retourne chez Bonvalet. Là, le garçon fait la même réponse : Tout est pris au salon, mais j'ai par hasard un cabinet; je vous conseille de le prendre bien vite, sans quoi d'autres s'en empareront.

Dupont regarde Georgette, qui répond :

— Eh bien, prenons ce cabinet, puisqu'il n'y a pas moyen de faire autrement.

Notre galant est enchanté. Le garçon conduit le couple dans un petit cabinet bien chaud, bien fermé, bien capitonné, où deux couverts sont tout dressés.

— On croirait vraiment que nous étions attendus! dit Georgette en se débarrassant de son chapeau et de son châle.

— Chez un traiteur, on attend toujours du monde.

— Oui, mais ces deux couverts tout prêts?

— C'est probablement un cabinet où l'on ne tient que deux.

— N'importe! Commandez vite, monsieur, car j'ai très-faim.

— Je voudrais savoir ce que vous préférez?

— Oh! moi, j'aime tout.

— Et moi, rien ne me déplaît... Alors l'affaire peut s'arranger.

Dupont commande un dîner bien choisi, bien friand, avec une grande variété de vins. Il veut s'asseoir sur un sofa à côté de Georgette, mais celle-ci l'oblige à se placer en face d'elle, de l'autre côté de la table, en lui disant :

— Vous me gêneriez pour dîner, et je n'aime pas être gênée en mangeant.

— Ne la contrarions pas, se dit Dupont. Allons piano, j'ai beaucoup de choses à me faire pardonner. Laissons arriver les vins généreux.

Georgette fait honneur au dîner, mais elle boit fort peu, bien que son vis-à-vis fasse son possible pour l'y engager, et s'écrie en lui versant du Beaume première :

— Surtout ne mettez pas d'eau dans ce vin-là.. Ce serait un meurtre! C'est ce qu'il y a de plus délicieux en Beaune!

— Cela m'est parfaitement égal! répond la jeune brodeuse. Je ne bois jamais de vin pur. Je le préfère avec de l'eau.

— Bon, quand ce sont des vins ordinaires. Mais celui-ci! qui coûte quatre francs la bouteille... C'est un crime d'y mettre de l'eau.

— Alors, mon cher monsieur Dupont, il ne fallait demander que du vin ordinaire, vous ne m'auriez pas exposée à commettre des crimes.

Dupont est contrarié, mais, pour se dédommager des désappointements qu'il éprouve avec sa belle, il a bien soin, lui, de boire son Beaune pur et il y retourne souvent, pour se donner de l'assurance et de la gaieté. Il commence déjà à risquer quelques paroles de tendresse, mais Georgette l'interrompt brusquement en lui disant :

— Et madame votre épouse, est-elle jolie ?

Dupont fronce le sourcil, et répond enfin :

— Pas mal... mais pas si bien faite que vous... il s'en faut de beaucoup... Ah! si elle avait votre taille ravissante !

— Ses yeux sont-ils noirs ou bleus ?

— Ils sont... ils sont verts... comme ceux des chats.

— Ah! quel malheur... Comment, madame votre épouse a des yeux de chat ?

— Cela m'est parfaitement égal... Et quelle bouche gracieuse est la vôtre ! Votre sourire me transporte.

— Et ses dents, sont-elles bien ?

— Quelles dents ?

— Celles de votre femme ?

— Eh, mon Dieu, mademoiselle! est-ce que vous n'allez plus me parler que de ma femme? Je vous avouerai que ce n'est point pour en entendre parler que je vous ai engagée à dîner avec moi.

— C'est possible, mais ce sujet de conversation me plaît beaucoup à moi.

— D'ailleurs, ma belle Georgette, faut-il encore vous répéter qu'à Paris je n'ai plus de femme, je suis redevenu garçon.

— Oui, je sais bien que vous voudriez le faire croire. Mais, après tout, mon cher monsieur Dupont, soyez bien persuadé d'une chose, c'est que cela m'est parfaitement indifférent que vous soyez marié ou garçon.

Dupont se demande comment il doit prendre cela. Il finit par se décider à en tirer un augure favorable à son amour. Et il verse du grenache à son vis-à-vis, en lui disant :

— Ceci est un vin de dames très-doux, qui ne supporte pas l'eau. Goûtez-le, je vous en prie.

Georgette avale une gorgée de grenache et remet son verre sur la table, en disant :

— Je n'aime pas les vins sucrés.

— Sapristi ! qu'est-ce qu'elle aime donc? se dit Dupont, qui, pour se consoler, vide son verre tout d'un trait.

Mais à force de vouloir se donner de l'aplomb, ce monsieur devient aussi rouge que son ami Jolibois, et lorsqu'on apporte le champagne, il a quitté sa chaise et propose à Georgette de danser la polka avec lui. Celle-ci lui rit au nez et le renvoie à sa place. Dupont verse du champagne et en offre à la jeune fille, en s'écriant :

— Est-ce que le champagne vous déplaît aussi ?

— Oh non, celui-là a un montant, un pétillement qui réveille... Madame votre épouse l'aime-t-elle ?

Dupont frappe de son poing sur la table, avale son verre de champagne, puis s'écrie :

— Décidément vous vous moquez de moi! Mais vous allez me le payer. Ceci mérite que je me venge, et je vais me venger en vous embrassant.

En disant ces mots, il se lève et s'élance près de Georgette, qu'il essaye d'enlacer; mais celle-ci l'arrête d'une main ferme et lui dit :

— Monsieur Dupont, point de ces jeux-là, ou je me fâcherai très-sérieusement.

— Comment, cher ange, vous voulez encore me refuser cela ?

— Je vous refuserai tout, soyez-en persuadé.

— Oh! mais alors vous vous êtes donc jouée, moquée de moi ?

— Et en quoi me suis-je moquée de vous, monsieur ?

— Comment, en quoi? mais en tout. Quand on accepte les galanteries... les soins d'un homme... quand on veut bien recevoir de lui des présents... un châle, un chapeau... que sais-je, moi? Ce n'est pas pour l'envoyer promener ensuite, entendez-vous, mademoiselle?

— J'entends, monsieur, que vous êtes aussi sot qu'impertinent. Vous ai-je jamais laissé entrevoir que je consentirais à devenir votre maîtresse? Vous me reprochez quelques malheureux cadeaux. Je vous en ai fait de bien plus grands, moi, en consentant à vous recevoir, à aller à la promenade, au spectacle avec vous, à mettre mon bras sous le vôtre. Comptez-vous tout cela pour rien, monsieur?

— Je ne dis pas. Mais enfin vous avez consenti à dîner avec moi en cabinet particulier, et quand une femme va avec un monsieur... en cabinet particulier... ce n'est pas pour y faire la cruelle. Tout le monde sait cela.

— Oh, monsieur, je pouvais bien dîner en tête-à-tête avec vous, car vous n'avez jamais été dangereux pour moi.

— Alors, pourquoi avez-vous refusé jusqu'à ce jour?

— Parce que je ne voulais pas vous donner des espérances qui ne devaient point se réaliser.

— Et pourquoi avez-vous accepté aujourd'hui?

— Parce que cela m'ennuyait de me promener à la pluie avec vous. Mais soyez tranquille, monsieur, on ne m'y reprendra plus.

Dupont est très-vexé, mais l'amour-propre, le vin, les regards moqueurs de cette jeune fille qui a l'air de le défier, tout lui monte à la tête, et cette fois il est décidé à braver même la colère de mademoiselle Georgette; il se dit qu'il n'est qu'un niais, que cette demoiselle se moque de lui, qu'il ne retrouvera jamais une occasion aussi favorable, et qu'il serait un sot de n'en point profiter. Toutes ces réflexions ont traversé son esprit comme un éclair; ne pouvant parvenir à embrasser celle dont il veut triompher, il se permet de l'attaquer d'une autre façon. Aussitôt un soufflet rudement appliqué est le prix de son audace.

— Laissez-moi, monsieur, dit Georgette en se levant, vous êtes un impertinent. Je ne veux pas rester une minute de plus avec vous.

— Oh! j'en suis bien fâché, ma belle voisine, mais je ne vous laisserai pas, répond Dupont qui a la tête montée, et est parvenu à saisir le petit jupon rayé que Georgette porte sous sa robe. Non, non. Je tiens cette charmante petite jupe qui vous va si bien, que j'ai admirée, contemplée si souvent... Je la tiens, je ne la lâcherai pas.

— Eh bien, gardez-la donc, monsieur, car c'est tout ce que vous aurez de moi.

En disant cela, Georgette a trouvé le moyen de faire aussitôt tomber la jupe à ses pieds. Elle saute par-dessus, court décrocher son manteau et son châle, et sort du cabinet, avant que Dupont, qui tient toujours dans sa main une partie du petit jupon rayé, ne soit revenu de son étonnement.

VII

LE DEUXIÈME JUPON

Le lendemain de ce dîner, mademoiselle Georgette avait de très-bon matin quitté sa modeste chambrette de la rue de Seine, car au demi-terme elle avait eu soin de donner congé.

Cette fois elle a loué dans le Marais, sur le boulevard Beaumarchais, où de fort belles maisons, bâties avec élégance, remplacent maintenant les contre-allées ombragées par des arbres centenaires qui jadis servaient souvent de lieu de rendez-vous aux couples amoureux de ce quartier.

La jeune brodeuse a remplacé sa chambre mansardée par un petit logement, fort modeste encore, mais qui cependant annonce une position moins précaire. L'ameublement est aussi plus confortable; ce n'est point celui d'une petite-maîtresse, mais ce n'est plus celui d'une grisette.

Mademoiselle Georgette a aussi changé d'état; elle a abandonné la broderie pour se faire chemisière, et, comme elle coud aussi bien qu'elle brode, elle ne manque pas d'ouvrage.

Enfin au petit jupon de futaine a succédé un jupon en soie, noire qui ondule fort sur les formes séduisantes, et ne descend qu'à mi-jambe, de manière à laisser voir le bas d'une jambe très-fine et la naissance d'un mollet très-dodu.

Chez la gentille chemisière affectionne le costume quelle portait dans sa chambrette de la rue de Seine: une camisole bien blanche serrée à la taille et le jupon court qui lui va si bien. Avec cela un bas bien blanc, un petit pied bien chaussé, et vous êtes certaine de tourner la tête à tous ceux qui vous verront dans ce piquant négligé.

Georgette demeure cette fois au fond d'une cour. Mais cette cour est belle, aérée, bien tenue; elle forme un carré régulier; les appartements qui sont sur le corps de logis du devant ont naturellement la vue sur le boulevard et sur la cour, tandis que les autres locataires n'ont pas cette dernière vue; et lorsqu'ils se mettent à la fenêtre, ils n'ont pas le loisir de se voir entre eux.

Georgette occupe deux petites pièces à un entre-sol. Au-dessus d'elle est une vieille rentière et ses domestiques, personnages qui comptent ensemble un siècle et plus. À l'étage supérieur, un ménage de bons bourgeois qui sont toujours couchés à dix heures et demie. Au-dessus, une dame qui donne des leçons de piano. Dans le corps de logis à sa droite, un employé

célibataire qui a une bonne pour tout faire; puis une dame entre deux âges, qui a été fort jolie, qui est encore fort coquette, qui se farde de poudre de riz, de cold-cream, de rouge, de bleu, de noir, qui regrette les mouches dont jadis les dames se couvraient la figure, mais qui s'est fait deux grains de beauté, à l'aide d'une épingle noire rougie au feu; l'un sur la joue gauche, l'autre... à un endroit qu'on ne voit pas...

Mais si on ne le voit pas, allez-vous dire, pourquoi s'en est-elle fait un là?

Ah! vous êtes curieux!... Et les personnes qui sont douées de la seconde vue, est-ce que celles-là ne voient pas tout, même les choses les plus cachées? Le second grain de beauté était pour celles-là; le magnétisme est une précieuse science.

Au-dessus de cette dame, qui se fait appeler madame Picotée, sont deux jeunes gens qui s'occupent de littérature, ce qui ne les empêche point de lorgner leurs voisines quand elles sont gentilles.

Dans le corps de logis à gauche: au premier est un atelier de couturières; au second un peintre en miniature; au troisième un photographe. Dans chaque corps de bâtiment les combles sont réservés pour les chambres de domestiques.

Le corps de logis qui a vue sur le boulevard a aussi les plus beaux appartements et par conséquent les personnages les plus considérables de la maison.

Au premier étage est un monsieur fort riche qui a deux domestiques: une bonne et un valet de chambre. Au second est un ménage jeune encore: le monsieur fait des affaires; la femme fait des minauderies; madame est jolie et coquette, monsieur est laid et libertin; ils ont une petite soubrette qui a l'air très-éveillé et une cuisinière qui se grise.

— Enfin au troisième étage est un jeune homme qui vient d'être reçu médecin et auquel il ne manque plus que des malades; il en cherche, il en demande partout; il en ferait, si cela lui était possible, mais toujours pour avoir le plaisir de les soigner et la gloire de les guérir.

Depuis que mademoiselle Georgette est venue habiter le petit entre-sol au fond de la cour, tous les regards se sont braqués sur elle, et les regards féminins ont été les premiers à vouloir connaître et juger la nouvelle voisine, car les femmes sont plus curieuses que les hommes, ceci est un fait reconnu.

Il était facile d'apercevoir la nouvelle emménagée; on était au mois d'avril, au printemps; le temps était très-beau; le soleil daignait se montrer souvent, et mademoiselle Georgette qui était bien aise de le recevoir quelquefois dans son petit entre-sol, laissait presque toute la journée ses fenêtres ouvertes, et suivant son habitude travaillait contre sa fenêtre. Vous savez dans quel costume: la camisole bien serrée à la taille et le jupon bien collant sur ses hanches.

On pouvait donc la regarder, l'examiner tout à son aise; comme elle était fort agaçante, fort séduisante avec son simple costume, les dames ne manquèrent pas de trouver qu'il était inconvenant et qu'il lui allait très-mal. Elles décidèrent que la petite chemisière ne savait pas se mettre et qu'elle n'avait que la beauté du diable.

La dame qui se fardait alla même jusqu'à trouver que la jeune fille avait un jupon indécent, parce qu'il dessinait beaucoup trop ses formes. Il est vrai que cette dame n'en avait plus sur lesquelles elle pût rien voir se dessiner, mais en revanche elle aimait beaucoup aller au Cirque, où l'on fait des exercices sur les chevaux, et là elle n'avait jamais trouvé à redire aux pantalons très-collants que portent la plupart des écuyers.

Les hommes qui habitaient la même maison que Georgette, n'étaient nullement du même avis que les dames. Tous, au contraire, trouvèrent la jeune fille fort attrayante, fort bien faite, et ce fut à qui renchérirait sur la grâce avec laquelle elle portait sa bien modeste toilette. Le petit jupon noir fut trouvé ravissant, depuis le premier étage jusqu'au dernier, les voisins se disaient:

— Avez-vous vu la jeune fille de l'entre-sol avec son petit jupon court?

— Oui, elle est très-piquante, cette demoiselle, elle a une taille si bien prise... et des charmes si bien accusés... Elle m'a rappelé la fameuse danseuse espagnole, la Camera Petra.

— Oui, oui, il y a de cela dans son jupon. Je l'ai vue dans la cour, moi, elle prenait de l'eau à la pompe.

— Toujours dans son simple négligé?

— Toujours. Ah messieurs, si vous l'aviez vue pomper ! Quelle grâce elle avait, comme son jupon suivait les mouvements qu'elle se donnait ! C'était à en devenir fou.

— Elle a de plus une fort jolie jambe et un pied mignon.

— C'est une jeune fille fort gentille ! Il faudra que je tâche de faire sa conquête.

— Et moi aussi.

— Et moi aussi.

— Et moi, se dit à part le photographe, je la ferai bien plus vite qu'eux, parce que j'irai proposer à la voisine de lui faire son portrait sur une carte, et que toutes les jeunes filles sont enchantées d'avoir leur portrait.

VIII

UN MONSIEUR QUI NE SE RUINE PAS POUR LES FEMMES

Il y avait un monsieur qui n'avait rien dit ; il est vrai que celui-là était trop grand seigneur pour causer avec ses voisins ! C'était celui qui logeait dans l'appartement du premier situé sur le devant ; on nommait ce personnage M. de Mardeille ; était-il noble, ne l'était-il pas ? ceci nous importe peu ; ce qu'il y a de certain, c'est qu'il avait environ vingt-cinq mille francs de rente et qu'il ne dépensait jamais dans l'année tout son revenu.

M. de Mardeille avait alors une cinquantaine d'années, il n'en paraissait guère plus de quarante-quatre ; il avait été fort joli garçon, il était encore très-bien. D'une taille avantageuse, bien fait, ayant le bonheur, tout en prenant de l'âge, de ne point prendre de ventre, il pouvait encore faire des conquêtes, car à ses avantages physiques il savait joindre ceux que donne la fortune. Toujours mis avec une parfaite élégance, sans cependant adopter les modes qui sont supportables chez un jeune homme et ridicules à un certain âge, M. de Mardeille avait une tournure distinguée, des manières du grand monde, et enfin, sans être un aigle, il avait cet esprit de société qui ne consiste souvent que dans de la mémoire, mais qui est infiniment plus commun que l'esprit naturel. Avec cela beaucoup de présomption et se croyant très-fin.

Il est presque superflu de dire que M. de Mardeille avait le plus grand soin de sa santé, car il tenait essentiellement à rester toujours beau et, par conséquent, toujours jeune, ce qui est assez difficile, puisqu'on vieillit tous les jours ; mais enfin, tant que l'on a l'air jeune, on tâche de se persuader qu'on l'est réellement ; à la vérité il y a toujours quelque chose dans notre for intérieur qui nous rappelle l'âge que nous avons, mais, tant que cette chose-là ne se laisse pas voir, nous avons le droit de l'oublier.

M. de Mardeille avait donc le plus grand soin de sa personne ; il prenait des bains deux fois par semaine ; il prenait tous les laxatifs qui conservent le teint frais ; il ne faisait aucun excès, ni de table, ni d'amour. Enfin, comme c'était un homme qui ne pensait qu'à lui, il n'avait jamais dû se faire le plus petit chagrin pour une femme, car les égoïstes ne sont pas amoureux. D'ailleurs ce monsieur se vantait de n'avoir jamais dépensé d'argent pour une maîtresse. On n'appelle pas dépenser de l'argent, quand on mène une dame dîner chez un traiteur, ou au spectacle, ou au bois de Boulogne en calèche, car alors, comme on prend sa part du plaisir que l'on procure, et qu'en même temps on satisfait sa vanité en faisant parade de sa conquête, c'est toujours pour soi du plaisir que l'on dépense cet argent-là. Aussi M. de Mardeille qui, jusque-là, avait trouvé le moyen d'avoir des bonnes fortunes qui ne lui coûtaient rien, se moquait de ses amis dont la plupart se ruinaient ou faisaient des dettes pour satisfaire aux caprices des dames pour lesquelles ils soupiraient. Puis il se regardait dans une glace en disant :

— Que diable, messieurs, faites comme moi !... Jamais une femme ne m'a résisté et cependant jamais je ne leur ai offert ni diamant ni cachemire... encore moins de l'argent, fi donc !...

Et je me serais bien gardé de payer les mémoires de leurs marchandes de modes ; lorsque par hasard une dame qui avait eu des bontés pour moi, s'avisait de m'envoyer quelques-uns de ses fournisseurs, avec un petit billet sur lequel elle me priait de la tirer d'embarras en soldant leurs mémoires, je commençais par faire mettre les fournisseurs à la porte, ensuite je cessais d'aller chez ma belle, à laquelle j'écrivais : « Je me suis trouvé dans l'impossibilité de vous obliger, je n'ose plus vous revoir ! » Alors c'était ma maîtresse qui courait après moi et m'accablait de marques de tendresse en s'écriant : « Tu as donc cru que je t'aimais par intérêt !... Ah ! reviens, reviens !... » Je me faisais tirer l'oreille quelque temps, puis je revenais, et on avait des transports d'amour. Car soyez-en bien certains, messieurs, ce n'est jamais parce qu'un homme sera très-galant, très-généreux, qu'on l'aimera davantage ! on le trompera avec plus de soin, voilà tout, parce que l'on tiendra à ses cadeaux, à ses largesses, mais quel plaisir y a-t-il à posséder une femme qui ne vous garde que par intérêt ?

— Mais, lui répondaient quelques-uns de ses amis, vous n'avez donc jamais connu le plaisir de donner ; vous ne savez pas tout le charme que l'on goûte à contenter les désirs d'une femme, à satisfaire ses caprices, ses fantaisies, et avec quel doux sourire elle vous remercie, quand vous lui portez soit un joli bijou, soit une riche parure !

— Pardieu, je me doute bien qu'elle doit alors vous sourire ; ne voudriez-vous pas qu'elle vous fît la grimace ? Mais ce sourire si gracieux qui vous transporte, qui vous enivre, ce n'est pas à vous qu'elle le fait, c'est au bijou, au cachemire que vous lui apportez !... Vous croyez peut-être alors qu'elle vous aime davantage ?... mais pas du tout, elle vous trompera l'instant après, en se moquant de vous avec l'ami de son cœur, auquel elle montrera en riant le présent que vous venez de lui faire. Non, messieurs, non, je ne connais pas, je ne veux pas connaître ce que vous appelez le plaisir de donner. Car ce plaisir-là m'ôterait toute confiance dans ma maîtresse, et si je suis trompé, du moins, je puis me dire que cela ne me coûte rien... Ensuite, reprenait M. de Mardeille, je dois convenir que j'ai presque toujours choisi mes conquêtes dans le grand monde, et que, par conséquent, elles n'avaient nullement besoin que je me montrasse généreux avec elles.

— Cela ne prouve rien. Dans quelque position qu'une femme soit placée, elle est toujours flattée de recevoir un riche cadeau.

— C'est possible ; mais moi je suis bien plus flatté lorsqu'elle m'aime sans que je lui en fasse.

Vous connaissez maintenant ce monsieur qui demeure précisément en face de Georgette, et dont les fenêtres, situées au premier étage, permettent à la vue de plonger chez les personnes qui occupent l'entre-sol vis-à-vis, et cet entre-sol était occupé par la gentille chemisière, qui, ainsi que nous avons déjà eu l'avantage de vous le dire, laissait fort souvent ses fenêtres ouvertes, soit pour jouir de l'air tiède du printemps et peut-être aussi pour se laisser voir à ses voisins. Quand une jolie fille, elle ne se cache pas, à moins d'être sous l'empire d'un jaloux !... et alors même, elle trouve bien encore le moyen de montrer quelque chose de sa personne qui puisse donner envie de voir le reste.

M. de Mardeille daignait quelquefois se mettre à une fenêtre de sa salle à manger qui donnait sur la cour ; de là, dans un négligé galant, enveloppé dans une belle robe de chambre de velours ou de bazin, suivant la saison ; la tête couverte d'une toque élégante dont le flot ondoyeux retombait avec grâce sur son oreille droite et qui laissait passer quelques boucles de cheveux bruns, auxquels il était expressément défendu de blanchir, ce monsieur jetait quelques regards sur celles de ses voisines qui valaient la peine d'être regardées. Mais jusqu'alors il n'avait rien aperçu dans la maison qui méritât d'être lorgné plus d'un instant.

Lorsque Georgette est emménagée, le domestique de M. de Mardeille s'empresse d'abord d'annoncer à son maître qu'il a une nouvelle voisine en face de lui, en ajoutant :

— Elle m'a semblé fort gentille !

— Ah ! elle t'a paru gentille ? répond ce monsieur en souriant. Et quelle espèce de femme est-ce que cette nouvelle locataire ?

— Monsieur, c'est... une femme qui est demoiselle à ce qu'il paraît, et qui fait des chemises pour homme.

— Une chemisière !... comment tu oses me vanter cela, Frontin !

M. de Mardeille avait voulu que son valet de chambre se laissât appeler Frontin, bien que son vrai nom fût Eustache ; mais ce nom de Frontin, employé jadis dans tous les opéras-comiques, rappelait à notre élégant séducteur une foule d'intrigues piquantes, galantes, divertissantes, dans lesquelles le maître de Frontin était toujours vainqueur ; et c'était probablement pour reproduire dans le monde ces scènes de théâtre que M. de Mardeille avait nommé ainsi son domestique; s'il l'avait osé, il l'aurait appelé Figaro ! mais il commençait à être un peu mûr pour faire, lui, un Almaviva.

Frontin, qui est un grand benêt, qui se croit très-fin, sourit en répondant à son maître :

— Ma foi, monsieur, quoique chemisière, j'ai cru qu'une jolie fille était toujours une jolie fille !

— Il y a bien un peu de vrai dans ce que tu dis là, Frontin; mais, pour moi, tu dois comprendre que je regarde les femmes avec d'autres yeux que les tiens... c'est-à-dire que pour me paraître jolie à moi, il faut qu'une jeune fille.... une grisette même... car je ne fais pas absolument fi des grisettes... il faut, dis-je, qu'elle ait en elle autre chose que ces beautés ordinaires... qui vous charment tout de suite, vous autres !... Il faut qu'elle ait un... je ne sais quoi... un certain attrait particulier... que nous remarquons facilement, nous qui sommes connaisseurs, et auquel ne tient pas le commun des martyrs !... Voyons, Frontin, qu'est-ce que tu as remarqué surtout de séduisant dans cette jeune fille... je verrai tout de suite si tu t'y connais.

— Ce que j'ai remarqué, monsieur...

— Oui, et d'abord, où as-tu vu cette jeune fille ?

— Monsieur, je l'ai vue passer ce matin, elle traversait la cour ; j'étais chez le concierge, qui m'a dit : « Tenez, voilà notre nouvelle locataire du petit entre-sol. C'est mam'selle Georgette; elle est chemisière, et il paraît qu'elle coud comme une fée. » Naturellement j'ai regardé. C'est une jeune fille qui a peut-être vingt ans, qui est très-bien faite, qui a des yeux... très-aimables... très-avenants de ces yeux qui vous... qui...

— Assez, Frontin, je comprends. Ensuite ?

— Ensuite, monsieur, dame elle a un nez un peu retroussé, une bouche bien grande... j'ai vu ses dents lorsqu'elle a parlé au concierge ; il ne lui en manque pas une, monsieur.

— Pardieu ! si à vingt ans elle était brèche-dent, ce serait bien malheureux !

— Mais je veux dire que ses dents sont bien blanches, bien rangées... et puis ses joues bien roses, bien fraîches...

— J'y suis !... une beauté champêtre, rustique ! cela arrive de la campagne probablement !

— Oh ! non, elle n'a pas du tout l'air d'une paysanne... elle a une tournure trop dégagée pour cela.

— Enfin, je verrai, j'examinerai, je jetterai mon coup d'œil... je gagerais... un cure-dent, que ta jolie voisine n'est qu'une beauté très-commune. Est-ce qu'elle se met quelquefois à sa croisée ?

— Oh ! mieux que cela, monsieur, elle laisse ses croisées toutes grandes ouvertes, et de chez nous on peut plonger chez elle... on voit jusqu'à son petit lit au fond !

— Ah ! on voit jusqu'à son lit... et elle laisse ses fenêtres ouvertes...

— Ah ! monsieur, je présume qu'elle les ferme quand elle se couche... et elle a des rideaux !...

— Ah ! polisson de Frontin, vous avez remarqué tout cela... elle a des rideaux ! Parbleu, il serait joli qu'elle n'en eût pas !... et les mœurs, Frontin, et les mœurs !... Enfin je veux bien regarder cette jeune fille que tu trouves gentille, et je te dirai si tu t'y connais.

— Oh ! je parie que monsieur sera de mon avis.

Quelques instants après, Frontin était accouru près de son maître lui dire :

— Monsieur, les croisées de la jeune voisine en face sont tout ouvertes... elle travaille tout contre ; vous pouvez la voir à votre aise.

M. de Mardeille s'est levé en disant :

Ce diable de Frontin, il tient absolument à ce que je voie sa petite chemisière... mais prends garde ! si tu m'as dérangé pour quelque figure commune, je t'ôte toute ma confiance en fait de goût.

Bien qu'il eût l'air de n'aller regarder sa nouvelle voisine

que par complaisance, ce monsieur n'était nullement fâché de s'assurer si elle était en effet aussi bien que son domestique le lui disait; car M. de Mardeille avait toujours été très-amateur du beau sexe; chercher à plaire aux femmes avait été à peu près la seule occupation de sa vie ; et depuis quelques années cette occupation avait été beaucoup plus laborieuse et lui avait demandé plus de temps et de soins. On a beau ne paraître que quarante-quatre ans lorsqu'on en a cinquante, il y a déjà des dames qui trouvent cela trop vieux, et ordinairement ce sont celles qui ont cet âge. Un homme mûr fait bien plus facilement la conquête d'une jeune fille que celle d'une femme qui a vécu ; pourquoi ? C'est probablement parce que les unes n'ont pas l'expérience des autres.

M. de Mardeille est donc allé se placer à l'une des fenêtres de sa salle à manger; il a pris une pose gracieuse en s'appuyant sur la balustrade; il a légèrement repoussé sa toque sur son oreille droite, puis il jette les yeux de côté et d'autre dans la cour, ne voulant pas laisser deviner qu'il est venu se mettre là pour regarder la nouvelle locataire de l'entre-sol.

Bientôt, cependant, il jette négligemment ses regards de ce côté-là. Georgette était assise contre sa fenêtre, elle cousait; et de temps à autre jetait aussi des regards dans la cour : il n'est pas défendu à une jeune fille de vouloir connaître la figure de ses voisins.

M. de Mardeille peut donc examiner tout à son aise les traits de la jeune chemisière, qui, lorsqu'elle lève les yeux de dessus son ouvrage, voit très-bien que son vis-à-vis la lorgne, mais cela ne semble nullement l'embarrasser, car cela ne l'empêche pas de relever souvent la tête pour regarder aussi par la croisée.

— Pas mal, pas mal ! murmure M. de Mardeille; un petit nez à la Roxelane, de la fraîcheur, des yeux qui paraissent assez vifs, assez mutins !... mais rien d'extraordinaire; on a rencontré tout cela cent fois !... C'est une jeune fille gentille, mais rien de plus... Cela ne mérite pas, mon pauvre Frontin, tous les éloges que tu en faisais.

Mais ce monsieur voyait alors Georgette assise, il ne pouvait donc admirer, ni la finesse de sa taille, ni les grâces de sa tournure. Heureusement le hasard voulut... Était-ce bien le hasard ? nous n'en jurerions pas, les femmes devinent si bien ce qui peut nous séduire !... N'importe, mettons cela sur le compte du hasard, qui donna à la jeune fille l'idée de se lever pour aller arroser un petit pot de violettes qui était placé sur son autre fenêtre.

Alors le voisin d'en face put la voir aller et venir dans sa chambre, car on ne trouve pas tout de suite tout ce qu'il faut pour arroser des fleurs, surtout quand on n'a pas d'arrosoir. Il vit donc mademoiselle Georgette avec sa camisole et son petit jupon court; il put même voir son pied et le bas de sa jambe, car la jeune fille, toujours par hasard, s'en fut plusieurs fois jusqu'au fond de la chambre, continuant d'aller et de venir, après avoir arrosé sa violette ; et M. de Mardeille, qui se disposait auparavant à quitter sa fenêtre, y est resté et n'en bouge plus, tout en murmurant cette fois :

— Ah ! diable !... ah ! mais très-joli ceci !... fichtre, quelle taille ! quelles formes ! quel pied ! quelle jambe !... Voilà qui est infiniment mieux que tout le reste... Quelle tournure frétillante... elle me rappelle la chanson de Béranger.

Et M. de Mardeille se met à fredonner :

> Ma Frétillon ! ma Frétillon !
> Cette fille
> Qui frétille
> N'a pourtant qu'un cotillon !

Étonné d'entendre chanter son maître, Frontin lui dit d'un air piteux :

— Ainsi, monsieur ne trouve pas que la petite d'en face mérite les éloges que j'en ai faits ?

M. de Mardeille répond sans quitter la croisée et sans cesser de regarder chez sa voisine :

— Chut ! chut !... tais-toi donc, Frontin ; j'ai dit cela... mais je n'avais pas vu alors sa taille si souple, si déliée... le petit jupon noir qui dessine si bien ses formes voluptueuses... Tout cela est adorable... Tout cela mérite, en effet, qu'on s'en occupe !... Et son pied... elle a un pied charmant !... et la jambe promet...

— Ah ! je suis content que monsieur voie que j'avais raison, et...

— Tais-toi, Frontin, tais-toi !... Elle regarde de mon côté.

En effet, Georgette venait de relever la tête, et ses regards avaient rencontré ceux de son voisin du premier. M. de Mardeille s'empresse de saisir cette occasion pour faire à sa nouvelle voisine un gracieux salut, auquel celle-ci répond par une révérence et un sourire très-aimable.

M. de Mardeille quitte alors sa fenêtre, en disant :

— Ne nous prodiguons pas trop tout de suite !... Mais d'après la manière dont cette petite vient de me sourire, je vois que cette conquête ne me donnera pas beaucoup de peine.

IX

LE PETIT JUPON NOIR FAIT DES SIENNES

Pendant que M. de Mardeille se croit certain de faire la conquête de la jeune chemisière, presque tous les autres locataires de la maison cherchent à lui plaire. Le petit jupon de Georgette a tourné la tête à ces messieurs. Les jeunes littérateurs veulent lui faire des vers, célébrer dans une chanson sa taille séduisante ; ils veulent illustrer Georgette comme Béranger illustra Lisette, comme tous les poètes amoureux ont cherché à immortaliser leur maîtresse et leurs amours. Chacun d'eux se croit un Virgile, un Catulle, un Tibulle, un Pétrarque ! Il n'y a pas de mal à cela, il faut toujours se croire quelque chose ; cela fait tant de plaisir et cela coûte si peu !

Le peintre en miniature se propose bien de proposer à sa jeune voisine de faire son portrait. Le photographe espère qu'elle se laissera photographier en grand, en petit, dans différentes poses.

Le jeune médecin veut absolument la soigner et supplie la Providence d'envoyer à la jolie voisine une petite indisposition qui l'oblige à avoir recours à sa science. Le monsieur marié, qui est fort laid et dont la femme est jolie, trouve naturellement la petite chemisière beaucoup mieux que sa femme. Comme ce monsieur demeure au-dessus de M. de Mardeille, il peut aussi voir très-bien chez Georgette. Il se met donc fort souvent à l'une des fenêtres de sa salle à manger, et, de là, non content de lorgner sa voisine, il ne se gêne pas pour lui faire des signes, lui envoyer des baisers, enfin, pour se livrer à une pantomime très-compromettante pour un homme marié. A la vérité, ce monsieur n'est pas jaloux et qu'elle s'occupe fort peu de ses faits et gestes.

Enfin il n'est pas jusqu'au célibataire, celui qui a une bonne pour tout faire, qui ne se permette aussi malgré ses cinquante-cinq ans bien sonnés, de faire de l'œil à la gentille chemisière, et comme celui-là n'a pas ses fenêtres en face d'elle, pour la voir, il est quelquefois obligé de se tenir le corps penché fort en avant de sa croisée.

Alors la bonne pour tout faire ne manque pas de s'écrier :

— Mon Dieu, monsieur, cela n'a pas le sens commun de se pencher ainsi ! Qu'est-ce que vous voulez donc voir ?... Est-ce que c'est pour la petite chemisière de l'entre-sol que monsieur veut se jeter par la fenêtre ?... Mais vraiment cette demoiselle n'en vaut pas la peine... ce n'est pas une merveille... et puis monsieur en sera pour son torticolis... la jeune fille ne regarde jamais de ce côté-ci.

Et le célibataire, courroucé, mais tenant cependant à ménager sa bonne, lui répondait :

— Vraiment, vous ne savez ce que vous dites ! Je ne regarde pas plus à droite qu'à gauche ; je me mets à la fenêtre, parce que cela me fait du bien de prendre l'air... d'en respirer beaucoup ! Je ne m'occupe pas des voisines ; je ne savais pas seulement qu'il y avait une chemisière à l'entre-sol !

— Oui, oui ! à d'autres ! murmure mademoiselle Arthémise ce n'est pas moi qu'on attrapera !... Mais tous les hommes de la maison, on deviennent toqués de cette jeunesse ! Ce n'est pas difficile à voir, ils passent maintenant presque tout leur temps aux fenêtres.

Et en effet, tant que Georgette avait sa croisée ouverte et se tenait à travailler tout auprès, on voyait presque aussitôt une

tête d'homme paraître au quatrième, puis une autre se montrer au second ; quelquefois tous ces messieurs paraissaient en même temps. Cela semblait amuser Georgette, qui répondait gracieusement par un petit mouvement de tête aux saluts qu'on lui adressait de tous les étages.

Le sexe féminin était outré de la conduite de ces messieurs, car jusqu'alors aucun d'eux ne s'était montré si empressé pour voir une des beautés de la maison ; il est vrai qu'il n'y en avait pas ; excepté l'épouse du monsieur si laid, mais celle-là ne se montrait jamais à l'une des fenêtres de la cour. Sa chambre à coucher donnait sur le boulevard, et cette dame aurait cru se compromettre en allant se mettre à l'une de ses fenêtres donnant sur la cour.

En revanche, son mari était un des plus intrépides, un de ceux qui voulaient le plus souvent voir Georgette, et qui se livrait alors à des mouvements télégraphiques auxquels la jeune chemisière ne répondait nullement ; mais cela ne décourageait pas M. Bistelle, c'était le nom de ce monsieur, il continuait d'envoyer des baisers à la jeune fille, qui ne faisait pas semblant de s'en apercevoir ; mais cela scandalisait toutes les autres voisines.

Les jeunes couturières s'amusaient aux dépens de M. Bistelle, et se le montraient du doigt dès qu'il paraissait à sa fenêtre. La dame qui a un grain de beauté caché, madame Picotée, se pose à sa croisée aussitôt que son voisin se met à la sienne ; puis elle pousse de grands éclats de rire, un peu forcés, à chaque baiser que M. Bistelle envoie à Georgette, elle s'écrie :

— Ah ! mon Dieu, qu'il y a des hommes bêtes !... mais je n'en avais pas encore vu de cette force-là !... et un homme marié... c'est affreux !... On devrait reconstruire la Bastille tout exprès pour eux.

M. Bistelle entendait tout cela, mais ça lui était bien égal, et souvent il disait à demi-voix :

— Ah ! si j'avais voulu lui en envoyer des baisers, à celle-là, elle n'aurait pas trouvé cela affreux !

M. de Mardeille se garde bien d'agir aussi sottement que son voisin du second. Il se met aussi à sa fenêtre pour regarder Georgette ; mais alors, bien loin de lui faire des signes et de lui envoyer des baisers, il se contente de lui adresser un profond salut, auquel la jeune fille ne manque jamais de répondre par un gracieux sourire.

Mais comme le voisin Bistelle est souvent à sa croisée, juste au moment où Georgette fait ce doux sourire avec une petite inclination de tête, il prend pour lui ce qui est adressé à l'étage au-dessous ; ses espérances s'en accroissent, il est enchanté, il se frotte les mains et descend quelquefois se promener dans la cour, puis il s'arrête sous les fenêtres de la chemisière en fredonnant : C'est ici que Rose respire ! ou bien : Quand on sait aimer et plaire, est-il besoin d'autre bien !

Et les petites apprenties couturières ne manquent pas alors de claquer des mains et de demander bis. Et madame Picotée s'avise un jour de lui jeter deux sous, que M. Bistelle ramasse en riant, et qu'il met dans sa poche en disant : — Ce sera pour m'acheter du fromage et de la poudre de riz. Ce qui met en fureur la dame au grain de beauté, qui court saisir son vase nocturne et le viderait sur son voisin, si elle n'était pas arrêtée par la présence du concierge qui balaye la cour.

Cependant Frontin, qui s'aperçoit fort bien que son maître est amoureux de la jeune fille de l'entre-sol, lui raconte tout ce qui se passe dans la maison, et lui fait part de toutes les folies auxquelles se livre M. Bistelle pour tâcher de se faire bien venir de mademoiselle Georgette.

— Comment ! ce monsieur si laid espère faire la conquête de cette jolie grisette ! s'écrie M. de Mardeille ; mais il ne s'est donc jamais regardé dans une glace ?

— Je ne sais pas si le voisin sait qu'il est affreux, répond Frontin, mais je vous assure, monsieur, qu'il se flatte de plaire à mademoiselle Georgette ; il prétend qu'elle lui fait des sourires charmants lorsqu'il est à sa fenêtre.

— Des sourires... mais c'est à moi que cette jeune fille les adresse et non point à lui !... Il est impossible que ce soit à lui ! le sot ! Car il ressemble beaucoup à un singe cet homme, n'est-ce pas Frontin ?

— Oui, monsieur, il en a aussi les gestes !

— Comment, est-ce qu'il se permettrait de se gratter... comme les singes ?

— Ma foi, monsieur, il se livre à une pantomime si bizarre !... cela y ressemble !... Mais ce n'est pas tout !...

— Quoi donc encore, Frontin ?

— Je sais que ce matin M. Bistelle a envoyé un fort beau bouquet à mademoiselle Georgette.

— Un bouquet!... ah! le fat, il s'est permis... Et ce bouquet, est-ce que la petite l'a reçu?

— Oui, monsieur, il est même maintenant sur sa fenêtre.

— Il serait possible!... Voyons cela.

M. de Mardeille s'empresse de courir regarder chez la chemisière, il aperçoit non-seulement un gros bouquet à la main sur la fenêtre, mais encore il voit M. Bistelle qui se promène dans la cour, en fredonnant :

    Et si je ne suis pas là,
    Mon bouquet du moins y sera.

— Allons, allons, décidément il faut agir, se dit le beau conservé, il faut me déclarer autrement que par la fenêtre. Je ne puis cependant pas aller de but en blanc chez cette grisette... ce serait me compromettre ! Ah ! une idée... Pardieu ! c'est tout simple... elle fait des chemises...Voilà le prétexte tout trouvé ! Frontin écoute un peu.

— Me voilà, monsieur.

— Tu vas te rendre chez mademoiselle Georgette...

— Chez la jolie voisine?...

— Oui; tu vas te présenter de ma part, et bien poliment ! Tu lui diras que , sachant qu'elle est chemisière et ayant des chemises superfines à faire faire... ce n'est pas vrai, je n'en ai pas besoin , mais à la rigueur, comme cela sert toujours, je puis en commander une douzaine!... Tu lui diras donc que, ayant de l'ouvrage à lui donner, je la prie de vouloir bien prendre la peine de monter chez moi... Tu comprends, de cette façon je ne me compromets pas... et je serai bien plus à l'aise pour causer ici que chez elle.

— Oui, monsieur, oui, je vais faire votre commission.

— Beaucoup de politesse, mais respectueux, cela flatte ces petites filles.

— Oui, monsieur; et vous ne voulez pas que je perte un petit bouquet avec cela ?

— Fi donc ! à quoi bon, des bouquets ! il n'y a rien de si commun! Est-ce que tu crois que je veux ressembler à M. Bistelle? Non, non, jamais de bouquets, je n'ai pas besoin de cela pour réussir! Va, Frontin! si la jeune chemisière te demande à quelle heure je puis la recevoir, tu lui répondras que je la laisse entièrement maîtresse de choisir le moment qui lui sera le plus commode, et qu'elle sera toujours la bienvenue... J'espère que voilà qui est galant, hein?... Cela vaut mieux qu'un bouquet cela?...

Frontin part pour faire la commission dont l'a chargé son maître. Mais le bouquet envoyé chez Georgette par M. Bistelle avait été vu par toute la maison. Aussitôt comme s'il avait mis le feu à une traînée de poudre, tous les soupirants de la

jeune fille s'étaient dit qu'il ne fallait pas rester en arrière, et que le moment était venu de chercher à faire connaissance.

Le jeune littérateur qui s'occupe de poésie va faire l'emplette d'un petit bouquet de violettes de deux sous, on est galant suivant ses moyens; mais le bouquet était enveloppé dans un papier blanc sur lequel on avait écrit ce quatrain:

    Je vous ai vue, agissant à la pompe,
    En vous tout est charmant, tout est vrai, rien ne trompe;
    Vous déployez alors des mouvements si doux,
    Que l'on se damnerait pour pomper avec vous!

Le jeune poëte charge le concierge de porter son bouquet et ses vers à l'entresol, en lui recommandant de dire à la jeune fille qu'il faut lire ce qui est sur le papier. Un peu plus tard, le confrère du poëte vient également avec un modeste bouquet ; mais celui-là fait plutôt des vaudevilles que de la poésie, aussi est-ce une chanson qu'il envoie avec ses fleurs, et il fait au concierge la même recommandation que le précédent.

Ensuite c'est le photographe, qui envoie un paquet de cartes sur lesquelles sont les portraits des acteurs les plus en vogue. En général, on sait que les jeunes ouvrières ont un penchant très-prononcé pour les acteurs. Notre photographe ne doute pas que son cadeau ne soit très-agréable, et il a chargé le concierge de dire à mad'moiselle Georgette qu'il serait très-flatté si elle voulait bien lui permettre de la photographier.

Après arrive le peintre en miniature, qui on voie une jolie boîte en cartonnage sur laquelle il a peint une foule de petits amours dans des positions fort gracieuses. Celui-ci, en remettant sa boîte au concierge lui dit:

— Vous ne manquerez pas d'assurer mademoiselle Georgette que le peintre, auteur de tous ces amours, s'estimerait fort heureux de faire le portrait de sa voisine.

Qu'est-ce que cela signifie Arthémise ? (Page 19.)

gratis , et dans le costume qui lui serait le plus agréable.

Quelques moments après le peintre en miniature, c'est le jeune médecin qui vient trouver le concierge, et lui remet un paquet enveloppé dans du papier en lui disant:

— Soyez assez gentil pour porter cela à mademoiselle Georgette de ma part; ce sont des quatre-fleurs, de la mauve, du tilleul, de la violette, du coquelicot; tout cela est excellent quand on est enrhumé, et il est bien rare que l'on ne s'enrhume pas au moins une fois dans l'année. Vous direz à cette demoiselle que je lui demande la permission de la soigner.

Enfin il n'est pas jusqu'au monsieur célibataire qui, à l'insu de sa bonne, a fait l'emplette d'une boîte de fruits confits. Mais celui-là se garde bien de faire faire sa commission par le concierge, car alors sa domestique ne manquerait pas d'en être instruite; il va trouver sur le boulevard un petit décrot-

teur et lui donne sa boîte, en lui expliquant où il doit la porter; et comme il ne veut point garder l'incognito, car sa jolie
voisine pourrait attribuer le cadeau à un autre, il charge son
messager de dire à la demoiselle :

— C'est M. Renardin, votre voisin, qui vous envoie cette
boîte avec ses compliments. Puis il ajoute: Surtout ne t'arrête pas devant le concierge, ne lui parle pas; va tout droit
chez mademoiselle Georgette, à l'entre-sol. Tu es payé, ne
reçois rien.

Les choses étaient donc dans cet état, lorsque M. de Mardeille envoie son valet de chambre Frontin chez Georgette.
Depuis le commencement de la journée, le concierge, qui avait
reçu les uns après les autres, ne cessait pas d'aller et de venir
de sa loge à l'entre-sol, chez la jeune chemisière, qui accepte
sans faire de façon tout ce qu'on lui envoie, et se contente de
dire au concierge :

— Vous direz à ce monsieur que je le remercie.

— Mademoiselle, n'oubliez pas de lire les verses... il y a des
verses sur le papier ! crie le concierge en remettant ses bouquets de violettes.

— C'est bien, je lirai tout, mais je ne répondrai à rien.

Georgette avait lu le quatrain du poète, elle était en train
de fredonner le couplet du vaudevilliste, qui était sur l'air de la
Boulangère, et riait beaucoup en chantant :

Vous avez un minois fripon,
Une taille très-fine;
L'œil assassin, le pied mignon
La tournure mutine;
J'admire enfin votre jupon
Et tout ce qu'on devine
De rond,
Et tout ce qu'on devine.

Lorsque le concierge reparaît tenant le paquet de cartes avec
photographies d'acteurs, puis l'instant d'après avec la jolie boîte
sur laquelle on a peint des Amours:

— Comment, enco-re ? dit Georgette. Mais ces messieurs se
sont donc donné le mot aujourd'hui pour me faire des galanteries ?

Elle jette tout cela à terre et le repousse avec son pied (Page 24.)

— Ma foi, oui, mademoiselle, on fait queue à ma loge... mais
je ne m'en plains pas ; du reste, tous ces jeunes gens sont très-
honnêtes ; ils désirent seulement vous présenter leurs hommages ; voilà ce qu'ils m'ont chargé de vous dire.

— Monsieur le concierge, j'accepte les petits présents, cela
entretient... les bonnes relations; mais veuillez dire à ces
messieurs que je ne veux point d'hommages, et qu'ils ne se
donnent pas la peine de venir me les offrir.

Le concierge s'éloignait en se disant:

— Diable ! il paraît que la jeune chemisière est une vertu...
et que ces messieurs en seront pour leurs cadeaux,,. mais,
malgré cela, elle accepte tout !...

Georgette venait encore de recevoir le petit paquet de sim-
ples que lui envoyait le jeune docteur, et faisait au concierge

la même réponse, lorsque le valet de chambre de M. de Mardeille se présente chez elle.

Frontin salue la jeune fille avec cet air sans façon que prennent les valets qui croient que l'on est trop content de les voir
venir; et lorsque Georgette lui demande ce qu'il veut, il répond d'un air presque protecteur :

— Mademoiselle, je viens de la part de mon maître, M. de
Mardeille... ce monsieur qui loge là... en face de vous, au
premier étage, un logement de trois mille francs... Mon
maître est fort riche; il a plus de vingt-cinq mille francs de
rente ; il aurait voiture, s'il le voulait ; il en a les moyens.
S'il n'en a pas, c'est qu'il n'en veut pas.

Georgette rit au nez du domestique en s'écriant:

— Eh bien ! après? Qu'est-ce que cela me fait à moi que votre
maître ait le moyen d'avoir voiture et que son appartement soit
de trois mille francs ! Est-ce qu'il vous a envoyé ici pour me
dire cela? Ah! ah! ce serait trop bête !...

M. Frontin est un peu déconcerté de n'avoir pas produit plus
d'effet; il reprend d'un ton moins élevé :

— Non, mademoiselle, non, mon maître ne m'envoie pas
pour vous dire cela... mais je pensais... j'avais cru que vous
seriez bien aise d'être renseignée... on aime à savoir à qui
l'on a affaire...

— Faites donc votre commission, cela vaudra mieux que vos
phrases.

Cette fois, Frontin est tout à fait déconcerté ; il s'attendait à
trouver une jeune ouvrière trop heureuse de recevoir un mes-
sage de son maître, et il voit qu'il a affaire à une jeune fille qui
a l'air de se moquer de lui; il se décide alors à être très-poli, et
dit d'un ton respectueux :

— Mademoiselle, mon maître ayant des chemises à se faire
faire, et sachant que vous travaillez dans cette partie, vous prie
de vouloir bien passer chez lui pour vous faire sa commande et
que vous lui preniez mesure.

— Monsieur, répond Georgette d'un ton très-décidé, vous
direz à votre maître que je n'ai pas l'habitude d'aller chez les
garçons. Si ce monsieur était marié, s'il avait chez lui sa
femme, oh ! je me rendrais volontiers à son invitation, cela ne
souffrirait aucune difficulté; mais comme il est seul...

— Mademoiselle, il a une bonne et moi...

— Monsieur, les domestiques ne comptent pas. Je n'irai
point chez votre maître; s'il a une commande à me faire, il
peut bien se donner la peine de venir chez moi; et je le recevrai, lui, et ses vingt-cinq mille francs de rente, avec ou sans
voiture !

Frontin est piqué, d'abord parce que la jeune chemisière lui
a dit que les domestiques ne comptaient pas, ensuite parce

2

qu'elle a l'air de faire très-peu de cas de la haute position de son maître; il répond d'un air vexé:

— Mais, mademoiselle, où donc serait le mal?... quand vous viendriez chez M. de Mardeille; vous ne seriez pas la première... il reçoit des dames, beaucoup de dames !...et certainement ce sont des dames... qui ne travaillent pas pour le monde...

— Monsieur le valet de chambre, vous êtes un sot !... vous ne dites que des bêtises...

— Comment... je suis un sot !... Permettez...

— Je ne doute pas que votre maître ne reçoive beaucoup de dames, et c'est justement pour cela que je ne veux pas en augmenter le nombre...

— Mais alors...

— En voilà assez. Vous avez ma réponse; allez la reporter à M. de Mardeille.

Frontin va encore répliquer, lorsqu'un grand bruit qui se fait dans la cour attire l'attention de tous les locataires de la maison.

X

UNE BOITE DE FRUITS CONFITS

On doit se rappeler que M. Renardin, le voisin de Georgette, qui avait chez lui une bonne pour tout faire, avait fait l'emplette d'une boîte de fruits confits, et qu'il avait chargé un petit décrotteur de la remettre à Georgette, en lui indiquant bien qu'elle logeait à l'entre-sol, au fond de la cour.

Mais le jeune industriel, qui cumulait les commissions avec le décrottage, était un enfant de l'Auvergne, et n'avait d'intelligence que juste ce qu'il en faut pour cirer des bottes ou porter une voie d'eau; car, en général, les porteurs d'eau sont presque tous Auvergnats. Le petit messager a mis sous son bras la boîte de fruits confits, qui est soigneusement enveloppée dans un papier bien blanc et nouée, par-dessus tout cela, avec des faveurs roses. Il entre avec cela dans la maison qu'on lui a indiquée, et, passant fièrement devant le concierge, se dispose à traverser la cour; mais le concierge, qui l'a vu passer, sort de sa loge, court après lui, et l'arrête dans la cour, en lui disant:

— Où donc allez-vous comme ça? Petit drôle, vous entrez, vous passez devant ma loge sans rien dire ! On ne s'introduit pas comme ça dans les maisons, entendez-vous ? Savoyard !

— Je ne chuis pas Savoyard, puisque je chuis Auvergnat !

— Savoyard, Auvergnat !... ça m'est égal, c'est la même chose !... Enfin, où allez-vous?

— Je ne vous parle pas ! Je vas tout droit !

— Vous ne me parlez pas, je le vois bien; mais, moi, je vous parle : je suis le concierge; j'ai le droit de vous interroger, et vous devez me répondre !...

— Je ne parle pas au concierge... ça m'est ordonné... Je vas tout droit.

— Est-il entêté, ce petit voyou !... Moi, je te dis que tu ne passeras pas que je ne sache où tu vas !

— Puisque je vous dis que je vas tout droit porter cette boîte...

— Chez qui ?

— Je ne vous parle pas !...

— Je te ferai bien parler, moi !... Et cette boîte, que contient-elle ?... des matières incendiaires, peut-être ?... Si tu ne veux pas répondre, je vais te mener avec ta boîte chez le commissaire de police !...

Le concierge a saisi le petit garçon par le bras; celui-ci se débat, pleure et se met à crier de toutes ses forces :

— Voulez-vous me lâcher... grand filou !... Je viens de la part de M. Renardin, votre voisin; je vas lui dire que vous m'avez empêché de faire ma commission.

Mademoiselle Arthémise, la bonne du célibataire, traversait alors la cour; en entendant prononcer le nom de son maître, elle s'arrête et court au commissionnaire en disant :

— M. Renardin... Qu'est-ce qui demande M. Renardin ?... C'est le petit garçon ?... Qu'est-ce que tu lui veux?

— Mais, non; il prétend qu'il vient de sa part, s'écrie le concierge; il n'avait qu'à le dire tout de suite, ce petit imbécile, alors je l'aurais laissé passer...

— De sa part... il vient de sa part ?... En ce cas, c'est moi qu'il demande... C'est pour moi que M. Renardin l'envoie... Qu'est-ce que vous me voulez, petit?

Le jeune Auvergnat regarde mademoiselle Arthémise, qui est une grosse luronne de trente ans, haute en couleur, et pourvue de la lèvre et au menton de poils follets qui lui donnent l'air d'un homme déguisé en femme; il lui dit :

— Est-ce que c'est vous mademoiselle Georgetta ?

— Mademoiselle Georgette ! répond la grosse bonne en roulant des yeux furibonds. Oui, oui, c'est moi...

— Et que vous demeurez à l'entre-sol, là en face ?

— Oui, oui, je te dis que c'est moi... Et M. Renardin t'envoie porter cette boîte à mademoiselle Georgette, à l'entre-sol ?

— Oui, c'est de la part de votre voisin, avec tout plein de ses compliments, mademoiselle.

— Ah ! nous allons voir ce qu'il envoie à cette mijaurée.

Et mademoiselle Arthémise a saisi la boîte et s'occupe déjà à déchirer le papier qui l'enveloppe, lorsque le concierge s'écrie :

— Mais permettez, mademoiselle; vous prenez cette boîte et vous savez bien que ce n'est pas pour vous...

— Qu'est-ce que ça vous fait ? De quoi vous mêlez-vous, méchant suisse ? Est-ce que la chemisière vous paye pour que vous surveilliez le envoie de ses amoureux ?

— Non, mademoiselle, la chemisière ne me paye pas, mais je dois faire mon devoir; si ce Savoyard d'Auvergnat s'était expliqué, je l'aurais laissé passer et porter à mademoiselle Georgette ce qu'on apporte pour elle.

— Oui, oui, on sait bien que vous protégez les galants; c'est votre état, d'ailleurs.

— Mon état est que les locataires reçoivent ce qui est à leur adresse. Rendez donc cette boîte qui n'est pas pour vous.

— Le plus souvent !... Des fruits confits ! des abricots ! des chinois !... Voyez-vous ça ? Est-ce que ces fruits confits à cette pecore ! et on trouve que je n'ai pas besoin de mettre des champignons dans la fricassée de poulet; que je dépense trop d'argent que je ne suis pas économe... Attends ! attends ! je t'en donnerai, à toi, des prunes confites, des cerises enfilées dans de la paille !...

— Mais, encore une fois, mademoiselle Arthémise, rendez cette boîte... vous n'êtes pas mamzelle Georgette !...

Le petit Auvergnat, qui commence seulement à comprendre qu'il a fait une bêtise, s'écrie alors :

— Comment ! c'était pas vous qu'éta la damisella de l'entrechola ?

— C'est bon ! Tais-toi, moucheron, ça ne te regarde pas... Tiens, v'là un chinois; avale ça et tourne-moi les talons.

Et mademoiselle Arthémise fourre une petite orange confite dans la bouche du décrotteur; celui-ci reçoit le fruit et le mange; mais il n'en veut pas moins ravoir la boîte; il s'efforce de la reprendre à la bonne de M. Renardin; le concierge seconde les efforts du petit commissionnaire. Mais la grosse Arthémise est une gaillarde qui serait de force à lutter avec de plus rudes antagonistes. Elle commence par prendre un morceau de pâte de coing qu'elle jette au nez du petit garçon, puis, saisissant un abricot confit, elle l'applique sur l'œil gauche du concierge, qui crie comme un âne qu'on vient de l'éborgner; ensuite, elle distribue des claques à droite et à gauche.

Ce sont des cris du concierge et ceux du petit Auvergnat, auxquels se mêlent les éclats de rire de mademoiselle Arthémise, qui ont attiré tous les locataires à leur fenêtre. Pour augmenter le scandale, M. Renardin rentre en ce moment chez lui, inquiet de ne point voir revenu son messager et curieux de savoir comment la jolie chemisière a reçu son présent.

Le célibataire demeure tout effaré en voyant le petit Auvergnat à quatre pattes dans la cour, où il cherche le morceau de coing tombé à terre; le concierge qui jure et crie en arrachant par petites parties l'abricot qui couvre son œil gauche, et enfin la bonne pour tout faire qui se bourre de fruits confits, en disant :

— C'est fièrement bon, tout d'même ! Je ne connaissais pas ça; mais je m'en ferai donner, à présent.

— Qu'est-ce que cela signifie, Arthémise ? Que faites-vous dans cette cour, au lieu de vous occuper de votre dîner ? dit M. Renardin en fronçant le sourcil.

— Mon dîner! Ah ! ben il ira comme il pourra, mon dîner... Moi, je me régale... je mange des chinois, des poires confites!... Ah ! monsieur, quand vous vous y mettez, vous faites de jolis cadeaux aux demoiselles ! Mais faudrait choisir un page qui ne soit pas si bête que celui-là; il m'a pris pour la chipie de l'entre-sol; dame ! je l'ai laissé faire... j'ai accepté la boîte...

— Comment ! drôle, c'est ainsi que tu fais les commissions dont on te charge !

— Non, monchéa ! c'était pas ma faute... Pourquoi que le concierge il ne voula pas que j'entra !...

— J'ai fait mon devoir; ce Savoyard est un imbécile, et j'allais l'envoyer à l'entre-sol, quand mademoiselle Arthémise lui a dit que c'était elle qui était mademoiselle Georgette, et que la boîte était pour elle...

— Quoi ! Arthémise, vous vous êtes permis....

— Tiens ! pourquoi donc que je me serais gêné... Ce moutard apporte une boîte de votre part, je dois croire que c'est pour moi... est-ce que je vas penser qu'un homme de votre âge fait encore la cour à des jeunesses!... qu'il se mét en dépense pour le premier minois chiffonné qui vient se nicher dans la maison... qu'il envoie des boîtes de confitures à une nouvelle venue... une chemisière ! tandis qu'il grogne tous les jours en disant que j'emploie trop de beurre dans une sauce... qui...

— C'est bon, mademoiselle, en voilà assez; suivez-moi, nous nous expliquerons là-haut. Je n'ai pas besoin que toute la maison sache ce qui se passe dans mon intérieur.

Et M. Renardin prend vivement le chemin de son escalier, sans oser lever les yeux sur les fenêtres de l'entre-sol; mademoiselle Arthémise suit son maître en lui faisant des cornes par derrière; elle tient toujours la boîte de fruits confits sous son bras, et s'écrie en riant au nez du concierge :

— Je m'en fiche ! j'ai toujours les bonnes choses; et quant à monsieur, comme il n'aime pas la panade, il peut être tranquille, je lui en ferai manger pendant huit jours !...

— Mademoiselle, dit le concierge, si mon œil est malade, vous payerez le médecin !

— Comptez là-dessus, cher ami, vous vous adresserez à M. Renardin; c'est lui qui est cause de tout... c'est un vieux coureur et pas autre chose.

Georgette avait entendu tout cela de chez elle, et cela l'avait beaucoup divertie. M. Frontin, qui était alors sur l'escalier, s'y était arrêté, afin de ne pas perdre un mot de cette affaire et de pouvoir tout rapporter à son maître. Lorsqu'il n'y eut plus personne dans la cour, car le petit Auvergnat s'était sauvé après avoir retrouvé et ramassé le morceau de pâte de coing, le valet de chambre regagne le corps de logis où devant se arrive chez son maître; là, il commence par vouloir lui raconter tout ce qui vient de se passer dans la cour; mais M. de Mardeille l'interrompt en lui disant :

— Je sais tout cela, j'étais à ma croisée. Je sais que M. Renardin envoyait une boîte de fruits secs à la petite chemisière, et que sa bonne Arthémise s'est emparée de la boîte et a mangé ce qu'il était dedans. Cette Arthémise est une drôlesse que son maître devrait sur-le-champ mettre à la porte. Mais quand un homme se laisse dominer par sa domestique, il mérite bien qu'elle se moque de lui. Au reste, tout cela m'intéresse peu; ce M. Renardin n'est point un rival dont on doive s'occuper. Tu as été chez la petite... eh bien !... elle a dû être flattée, enchantée de ma proposition. Quand viendra-t-elle ?

Frontin se redresse, se donne un air grave et répond :

— Mademoiselle Georgette n'a pas du tout paru flattée de la proposition de monsieur, elle a pris un air... oh ! mais un air comme si c'était quelqu'un de huppé !

— Enfin, abrège donc, Frontin !

— Enfin, monsieur, cette chemisière ne veut pas venir vous prendre mesure pour vous faire vos chemises; comprenez-vous cela ?

— Je comprends que tu es un imbécile, si c'est ainsi que tu as fait ma commission! Je ne t'ai jamais parlé de prendre mesure!

— Monsieur j'ai cru que cela était nécessaire. Quand un tailleur vous fait un pantalon, il vous prend d'abord mesure...

— Assez. Cette jeune fille... qu'a-t-elle dit ?... elle n'a pas refusé sans donner de raisons ?

— Monsieur, elle trouve étonnant que vous ne soyez pas marié; elle a dit : « Oh ! si votre maître était marié... s'il avait une femme... c'est différent, j'irais tout de suite lui prendre mesure; mais je ne vais pas chez les garçons. S'il veut venir chez moi, je le recevrai... »

— Ah ! elle veut que j'aille chez elle !... il fallait donc commencer par me dire cela, nigaud !... Je comprends, cela flatte sa vanité, à cette demoiselle... Ces petites filles ont tant d'amour-propre ! elle veut que toute la maison sache que M. de Mardeille lui fait la cour... Après tout, je m'en moque! j'irai... mais j'irai le soir... parce que la nuit... les voisins ne sont pas aux fenêtres.

XI

DÉCLARATION ET OBSTINATION

Le soir même, M. de Mardeille sort de son appartement sur les huit heures; il fait complètement nuit, tout est tranquille dans la maison, aucun bruit ne se fait. Il passe légèrement et sans être vu devant la loge du concierge. Il se hâte alors de traverser la cour et de monter au petit entre-sol où il a aperçu de la lumière. Il se dit :

— De cette façon personne ne me voit aller chez la petite chemisière, qui peut-être ne sera très-fâchée de me recevoir la nuit. Cela sauve les apparences.

M. de Mardeille est arrivé devant la porte de Georgette; il frappe légèrement. Au bout d'un moment, une voix douce répond :

— Qui est là ?

— Ouvrez, s'il vous plaît, mademoiselle Georgette, c'est quelqu'un qui désire vous parler.

— Je ne reçois pas de visite le soir. Revenez demain matin.

— Mademoiselle, c'est moi, votre voisin d'en face, M. de Mardeille... qui vous ai envoyé ce matin mon domestique... Vous savez ce qui m'amène... veuillez donc m'ouvrir, je vous prie.

— Monsieur, j'en suis bien fâchée, mais le soir je n'ouvre à personne... Revenez demain... Il fera jour.

— Comment ! mademoiselle, vous me laissez à la porte, moi, M. de Mardeille !... Vous êtes bien certaine cependant que je ne suis pas un voleur.

— Vous êtes peut-être encore plus dangereux. Bonsoir, monsieur, à demain au jour.

— C'est parce qu'elle me trouve trop dangereux qu'elle ne veut pas m'ouvrir maintenant! se dit M. de Mardeille en s'en retournant chez lui.

Cette idée, en flattant son amour-propre, le console un peu d'avoir fait une démarche inutile, et il se dit :

— Décidément elle veut que toute la maison sache que je lui fais la cour... Eh bien, puisqu'il le faut, mademoiselle, vous aurez ma visite en plein midi !

En effet, le lendemain, après avoir passé plus d'une heure à sa toilette, parce qu'il veut absolument être séduisant, M. de Mardeille se décide à braver les regards curieux des voisins. Il descend son escalier, feint de vouloir sortir; mais en passant devant le concierge qui est près de la loge, il s'écrie :

— Cette jeune fille qui loge à l'entre-sol ne fait-elle pas des chemises ?

— Oui, monsieur, elle travaille pour une lingère... elle coud dans la perfection, à ce qu'on dit...

— Tiens! mais alors j'ai envie de lui commander des chemises... il faut toujours employer ses voisines autant qu'on le peut.

Et notre élégant monsieur, faisant une demi-pirouette sur lui-même, gagne la cour, et en un instant se trouve devant la porte de Georgette, qui, suivant son habitude, laisse toujours sa clef en dehors pendant la journée.

M. de Mardeille frappe deux petits coups.

— Entrez, la clef est sur la porte! lui répond la même voix que la veille.

Ce monsieur entre avec cette aisance que donne l'habitude du monde et ce certain laisser-aller que se permet toujours un homme riche qui va voir de pauvres gens... à moins toutefois que cet homme riche n'ait de l'esprit ou du tact, auquel cas, loin de vouloir faire sentir la supériorité de sa position, il cherchera plutôt à la faire oublier. Mais les hommes de tact et d'esprit sont rares, et ces deux qualités manquaient au voisin de Georgette.

Cependant ce monsieur rabat un peu de sa hauteur en voyant l'aisance avec laquelle la jeune fille le reçoit. Elle ne semble nullement troublée par sa visite; mais elle lui présente un siège avec grâce et regagne sans façon le sien, qui est contre la fenêtre, en disant :

— Puis-je savoir, monsieur, ce qui me procure l'avantage de vous recevoir ?

M. de Mardeille s'étend nonchalamment sur la chaise, et répond en souriant :

— Mademoiselle, je vous ai envoyé hier mon valet de chambre; je me permettais de vous prier de passer chez moi... ce n'est pas bien loin... je demeure là, en face...

— Oh! je le sais, monsieur, je vous remets parfaitement!... mais votre domestique a dû vous dire...

— Que vous ne voulez pas aller chez les garçons,... oui... il m'a dit cela... Mais, mon Dieu, pourquoi donc les garçons vous inspirent-ils cette terreur?... vous avez donc eu beaucoup à vous en plaindre?... Ah! ah! savez-vous que cela pourrait donner lieu à bien des suppositions !...

Et le monsieur rit encore, parce qu'il a de belles dents qu'il est bien aise de faire voir, et qu'il se croit d'ailleurs très-spirituel en riant ainsi. Mais Georgette reste impassible, et répond froidement :

— Monsieur, je ne sais pas quelles suppositions on pourrait faire; mais j'agis ainsi parce que cela me convient, et je m'inquiète fort peu de ce qu'on en pensera.

M. de Mardeille, tout surpris du ton sérieux de la jeune fille, ne rit plus que du bout des dents et se décide même à ne plus rire du tout. Il se balance sur sa chaise en répondant :

— Je n'ai pas eu l'intention de vous offenser... Diable! mademoiselle, mais il paraît qu'on ne peut pas plaisanter avec vous !...

— Pardonnez-moi, monsieur, je plaisante volontiers quand je connais les personnes...

— Ah! c'est juste, et vous ne me connaissez encore que de vue. Ah! mademoiselle, je me suis trouvé bien heureux d'avoir un vis-à-vis aussi charmant que le vôtre, et cela m'a donné sur-le-champ le désir de... de... enfin de faire avec vous plus ample connaissance.

— Je vous remercie, monsieur; mais il y a entre nous une trop grande distance de position.

— Les distances peuvent se rapprocher... c'est-à-dire même qu'elles sont vite franchies entre une jolie femme et un homme qui est fasciné par ses charmes.

Georgette sourit en murmurant :

— Est-ce pour me dire cela que vous êtes venu, monsieur ?

— Ma foi, oui... Tenez!... je n'irai pas par trente-six chemins... j'aime beaucoup à aller droit au but... Et d'ailleurs, pourquoi dissimulerais-je l'impression que vos grâces, votre gentillesse ont faite sur mon cœur!... Ce n'est pas un crime de vous aimer... d'autant plus que je suis garçon, moi, et je ne pense pas que ce soit là un motif pour repousser mes hommages... Oui, charmante voisine, vous m'avez tourné la tête... depuis que je vous ai aperçue... dans ce simple négligé qui vous va si bien !... Je n'ai plus de repos, je ne songe plus qu'à vous... J'ai pris le prétexte de chemises à faire faire pour

tâcher de vous attirer chez moi... mais ce que je voulais, ce que je veux avant tout, c'est vous déclarer que je vous adore et vous supplier de ne point être insensible à mon amour !...

C'est au tour de Georgette d'éclater de rire; et cette fois elle le fait si franchement, avec tant d'abandon, que le beau monsieur, qui s'était penché vers elle, se redresse et semble tout interloqué. Comme la jolie chemisière continue de rire, il se décide à lui dire :

— Mon Dieu, mademoiselle, je suis enchanté de vous voir si gaie; mais ne pourrais-je savoir ce qui vous fait rire ainsi... ce ne peut être l'aveu de mes sentiments, vous devez être habituée à recevoir de ces déclarations, autant que j'ai pu le voir. presque tous les messieurs de la maison vous en ont dit ou veulent vous en dire autant...

— Ah! vous savez cela, monsieur ?

— N'ai-je pas vu le concierge qui a passé toute la journée d'hier à vous apporter des bouquets... des cartes... que sais-je! on a même parlé d'une boîte de fruits confits! Ah! ah! c'est trop drôle !...

— Mais, en effet, tous ces messieurs de la maison ont été fort galants avec moi...

— Ma foi, mademoiselle, moi, je n'envoie pas de bouquets; je trouve cela si commun, si vulgaire, que je ne me soucie pas d'imiter ces messieurs... Je parle, moi, je dis franchement ce que je ressens... Est-ce que vous ne trouvez pas que cela vaut mieux ?...

— Mais les bouquets, les présents, me semblent aussi très-agréables à recevoir.

M. de Mardeille se pince les lèvres en se disant :

— Elle aime les petits cadeaux... elle est intéressée, c'est fâcheux !

Cela ne l'empêche pas de rapprocher sa chaise de celle de Georgette, et de tâcher de prendre une voix bien tendre, bien touchante, en murmurant :

— Vous n'avez rien répondu à ma déclaration, charmante fille...

— Pardonnez-moi; est-ce que vous ne m'avez pas entendue rire ?

— Comment! c'est là votre manière de répondre!... Mais que dois-je en conclure ?

— Que j'ai pris votre déclaration d'amour pour ce qu'elle valait, c'est-à-dire pour une plaisanterie !

— Une plaisanterie!... oh! ne le pensez pas! je parle très-sérieusement!... Je vous aime... je vous adore !

— Comme cela, tout de suite, pour m'avoir aperçue à ma fenêtre ?

— Est-ce qu'il faut des semaines, des mois pour devenir amoureux?... On aperçoit une femme, elle nous plaît, nous séduit tout de suite ou ne nous séduira jamais... L'amour... n'est-ce pas de l'électricité ?

— Ah! je ne savais pas !

— Mais certainement : les yeux d'une jolie femme contiennent le fluide qui nous électrise; du moment que nous ressentons la commotion, c'est fini, nous sommes électrisés.

— En vérité! Et les femmes, qu'est-ce qui les électrise ?

— Mais ce doit être par le même moyen... nos regards à nous...

En disant cela, ce monsieur, qui cherche à électriser la jeune fille, fixe sur elle des yeux pleins de feu et veut de nouveau rapprocher sa chaise... mais Georgette recule la sienne, en lui disant d'un ton fort sec :

— Monsieur, ne vous mettez pas si près de moi, je vous en prie, cela me gêne pour travailler, et d'ailleurs cela n'est pas convenable.

Le beau monsieur demeure tout interdit; il pense que ses regards n'ont pas lancé assez de fluide et tâche de les rendre encore plus inflammables, en s'écriant :

— N'est-il donc pas permis de vous approcher, pour admirer de plus près cette taille divine ?

— Non, monsieur, cela n'est pas permis. Et que penseraient les voisins, s'ils vous voyaient ainsi tout contre moi !

— Les voisins... les voisins... mais pourquoi laissez-vous votre fenêtre toute grande ouverte... c'est très-incommode pour causer avec vous... Si vous voulez le permettre, je vais la fermer...

— Non, monsieur, non, je veux qu'elle reste ouverte, au contraire; cela ne me gêne pas du tout pour causer; et si les voisins savent que vous êtes venu chez moi... ce qui est probable, car on voit tout dans cette maison, eh bien, ils verront aussi qu'il ne s'est rien passé que j'aie besoin de cacher.

M. de Mardeille fronce légèrement le sourcil; il se dandine de nouveau sur sa chaise et dit au bout d'un moment :

— Quelle singulière idée ! de se soumettre à l'inspection de gens... dont on doit se moquer, après tout...

— Ah ! vous trouvez que l'on peut se moquer des autres ?

— Je trouve... je trouve que vous me traitez avec une rigueur !...

— Et moi, monsieur, je trouve que je vous ai fait une grande faveur en consentant à vous recevoir chez moi... où je ne reçois aucun homme... il paraît que vous m'en savez peu de gré...

— Oh ! pardonnez-moi, jolie voisine, certainement j'en suis très-reconnaissant...·mais je croyais... j'espérais... enfin vous ne m'avez toujours pas dit si mes sentiments ne vous déplaisaient pas...

— Eh ! monsieur... à peine si je vous connais... et je ne me laisse pas électriser aussi facilement que vous, probablement...

— Méchante ! vous vous jouez de mes tourments...

— Vous dites que vous m'aimez, monsieur; mais pourquoi croirais-je à votre amour... quelles preuves m'en avez-vous données ?

— Quelles preuves ?... Comment ! mademoiselle, il vous faut des preuves pour y croire ?

— Assurément... Oh ! je suis très-incrédule, moi; et en toutes choses je ne crois qu'après avoir eu des preuves.

— Mais, mademoiselle, il me semble que la démarche que je fais en ce moment devrait déjà vous prouver que je vous dis vrai... Pour qu'un homme de mon rang... un homme habitué à ne fréquenter que le grand monde, vienne chez... une simple ouvrière, il faut qu'il y soit poussé par un sentiment bien impérieux !

— C'est-à-dire, monsieur, que vous croyez me faire beaucoup d'honneur en venant chez moi !...

— Mais non, je n'ai pas dit cela ! Ah ! décidément, vous êtes très-méchante... vous prenez en mal mes paroles...

Georgette ne répond rien; elle continue de travailler. M. de Mardeille, très-vexé de n'avoir pas avancé ses affaires aussi vite qu'il l'espérait, se dit :

— Changeons un peu la conversation... Cette petite doit aimer les plaisirs... Toutes les femmes veulent qu'on les amuse... Éblouissons-la...

Et il reprend au bout d'un moment :

— Y a-t-il longtemps que vous travaillez ainsi... pour une lingère ?

— Mais, non, monsieur... D'abord, je ne suis point à Paris depuis bien longtemps...

— Ah ! vous n'êtes pas Parisienne ? Vous m'étonnez ! Vous en avez toute la grâce; et peut-on, sans indiscrétion, vous demander quelle est votre patrie ?

Georgette hésite un instant, puis reprend :

— Je suis d'un petit village près de Rouen.

— Ah ! vous êtes Normande ! C'est singulier, vous n'en avez nullement l'accent ! Et depuis combien de temps à Paris ?

— Cinq mois, à peu près.

— Vous y êtes venue seule ?

— Oui, toute seule... J'ai dit à mes parents : « Je désire aller à Paris, j'y travaillerai... et que sait-on ? j'y ferai peut-être fortune ! »

M. de Mardeille se gratte le nez, en répétant :

— Fortune !... hum !... c'est difficile... les femmes ne font guère fortune à Paris, quand elles n'ont pour gagner de l'argent que leur aiguille !... Mais, en venant à Paris, vous saviez probablement y trouver un ami... un protecteur riche qui pouvait vous mettre tout de suite sur la route de cette fortune que vous ambitionnez !

Georgette répond d'un ton assez sec :

— Non, monsieur, je ne venais retrouver personne à Paris, et je saurai bien moi-même arriver au but que je me suis proposé.

Le beau monsieur se pince encore les lèvres et regarde dans la chambre, en se disant :

— On ne sait par quel bout la prendre, cette petite... elle est toujours en garde... Sa conquête ne se fera pas si vite que je le pensais... mais peu m'importe, j'ai le temps... Il faudra bien que je trouve son endroit sensible !

— Mademoiselle, aimez-vous le spectacle ?

— Oh ! oui, monsieur, beaucoup.

— Y allez-vous souvent ?

— Presque jamais, monsieur; d'abord, je n'ai pas de connaissances à Paris... et aller au spectacle seule... une jeune fille... cela n'est guère convenable.

— Je tiens le défaut de la cuirasse ! se dit Mardeille, qui reprend :

— Eh bien, ma charmante voisine, si vous le permettez, je vous conduirai au spectacle... en petite loge grillée... On est très-bien, on est chez soi.

— Je ne sais pas ce que c'est que vos loges grillées, monsieur; mais quand je vais au spectacle, ce n'est pas pour me cacher... je veux voir et être vue...

— Ah ! vous voulez être vue !... Voyez-vous, la coquette !...

— Ce n'est pas par coquetterie; ensuite, monsieur, vous devez bien penser que je n'irai pas au spectacle avec quelqu'un d'aussi élégant que vous, dans le simple costume que je porte.

— Je présume bien que vous n'irez pas avec cette camisole et ce petit jupon... quoique ce costume vous aille divinement !... Ah ! vous êtes ravissante ainsi !...

— Non, sans doute, je ne sortirai pas en camisole; mais ma toilette à moi est très-modeste : une robe de toile, un petit bonnet, un fichu de tricot... voilà ma parure.

— Comment ! vous n'avez pas un chapeau... un tout petit chapeau ?...

— Non, monsieur, je n'en ai pas.

Le beau monsieur se dandine, se balance sur sa chaise; il semble réfléchir et dit enfin :

— Après tout, vous devez être charmante en bonnet ! D'ailleurs, nous prendrons une voiture... Est-ce arrangé ? Dès ce soir je vous emmène, si vous y consentez.

— Quoi ! monsieur, vous mèneriez avec vous une femme en bonnet, en robe de toile, en fichu pour châle ?

— Parfaitement; je suis exempt de préjugés... Je voudrais vous emmener dans ce costume, si cela était possible.

— Ah ! par exemple, je n'aurais jamais cru cela.

— Cela vous prouve, j'espère, jusqu'à quel point je vous aime !

Georgette secoue la tête, en répondant :

— Mais, non, cela ne prouve pas cela du tout. Au reste, monsieur, moi, j'ai plus d'amour-propre que vous. J'ai assez de respect pour votre haute position pour ne point vouloir la compromettre. Fi donc ! que penserait-on de vous, monsieur, si l'on vous voyait au bras une femme en bonnet ?

— Puisque nous prendrons une voiture...

— Nous n'entrerons pas dans le théâtre avec la voiture... Ah ! ah ! ah ! et comme je ne veux pas me cacher dans une loge grillée, une fois dans la salle, on aura tout le temps d'admirer ma toilette.

M. de Mardeille se lève, se promène dans la chambre et garde quelque temps le silence; puis enfin il s'écrie :

— Que vous faudrait-il donc pour venir au spectacle avec moi, belle enfant ?

— Mais... tout à peu près : une robe de soie; maintenant on fait si bien la confection, qu'on en trouverait facilement de toutes faites à ma taille. Oui, un charmant chapeau, un beau châle... cachemire ou à peu près... et des gants... de jolis gants de chevreau.

M. de Mardeille se met à se promener, dissimulant avec peine la grimace qui a remplacé son air aimable, puis tout à coup, regardant dans la cour, il s'écrie :

— Ah ! je crois qu'il vient du monde chez moi... Oui, oui...

c'est bien pour moi... Au revoir, charmante voisine; mille excuses de vous quitter si promptement...

— Oh ! ne vous gênez pas, monsieur.

Notre élégant a déjà gagné la porte; il remonte vivement chez lui, où il rentre avec un air de fort mauvaise humeur, et lorsque Frontin lui dit :

— Monsieur s'est-il fait prendre mesure par la chemisière ?

Il lui répond avec colère :

— Fiche-moi la paix, imbécile ! Je te défends de me jamais parler de cette petite grisette.

XII

AMOUR ! AMOUR ! QUAND TU NOUS TIENS !...

Huit jours se passent. M. de Mardeille n'est pas retourné chez Georgette; il ne s'est pas mis aux fenêtres qui donnent sur la cour; mais il a été regarder aux carreaux, en soulevant doucement un coin des rideaux. Il a vu sa jeune voisine toujours aussi leste, aussi pimpante, aussi gracieuse, aller et venir dans son modeste logement, puis se mettre à travailler contre sa croisée, puis se relever pour se rassèoir encore, et chaque mouvement de la jolie chemisière lui a fait bondir le cœur, et il a donné de son pied dans le derrière à Frontin, qui s'est permis de rire bêtement en voyant son maître soulever les rideaux.

Ce qui l'a un peu flatté, c'est que bien que Georgette réponde d'un air aimable aux saluts que lui adressent ses autres voisins, il n'en a jamais aperçu un seul chez elle; c'est donc en effet une faveur qu'elle lui a faite en consentant à le recevoir.

Au bout de huit jours, M. de Mardeille se dit :

— Après tout... c'est pour moi... c'est à cause de moi et pour ne point me compromettre que cette fille veut être bien mise pour sortir à mon bras... Je ne puis pas lui en vouloir de cela... c'est un motif fort excusable... seulement, il me faudrait lui envoyer tout ce qui lui manque... J'en ai parbleu bien le moyen !... je suis au-dessus de cela... oui... mais cela n'est pas dans mes habitudes... je n'ai jamais rien dépensé pour les femmes... c'est bien là ça ce n'est pas coutume... C'est égal, cela me contrarie... Mais cette petite a de la tête, du caractère ; si je ne lui envoie pas ce qu'elle désire, il me faudra renoncer à sa conquête... Je ne veux pas y renoncer... Je rêve d'elle toutes les nuits... Je vois sa taille svelte... ses formes rebondies que son petit jupon noir caresse si bien. Allons... il faut lui acheter cette toilette... Je n'irai pas jusqu'au cachemire... oh ! non, pas si niais.... Mais quand on fait tant que d'être galant, il faut faire les choses convenablement... A mon âge... changer ses habitudes... c'est bien désagréable... Pourquoi diable cette piquante grisette est-elle venue se loger dans ma maison... en face... sous mon nez... C'est une fatalité !

L'amour, et l'amour-propre, qui est bien aussi fort que son frère, l'emportent enfin ; un matin, Georgette reçoit le châle, la robe, et jusqu'aux gants de chevreau, avec ce petit mot écrit par son élégant voisin :

« Maintenant, viendrez-vous avec moi ce soir au spectacle? »

Et Georgette a répondu au commissionnaire :

« Oui, j'irai. »

Car M. de Mardeille, qui ne veut pas que l'on sache qu'il fait des frais pour plaire à la chemisière, ne s'est pas servi de Frontin pour envoyer ses cadeaux.

Le soir, sur les sept heures, le beau monsieur se présente chez Georgette qui est toute prête, toute parée, et probablement moins séduisante ainsi qu'avec sa camisole et son petit jupon, mais qui est toujours très-bien, parce que une femme jeune et gentille ne devient pas laide sous un élégant chapeau. M. de Mardeille est même surpris de l'aisance avec laquelle sa petite voisine porte sa nouvelle toilette : il s'écri...

— D'honneur, vous êtes charmante ainsi !... Vous portez tout cela avec une grâce !...

— Cela vous étonne, monsieur ?

— Rien ne m'étonne de votre part; je vous crois faite pour arriver à tout...

— Je suis prête, partons !

— Oh! nous avons le temps... Laissez-moi donc un peu vous admirer.

— Vous m'admirerez au théâtre tant que cela vous fera plaisir; mais comme je ne vais pas souvent au spectacle, je veux tout voir. Partons.

Georgette est déjà sur le carré; M. de Mardeille la suit, en se disant :

— Elle a une petite tête à laquelle il faut que rien ne résiste.... mais ce soir, en revenant du spectacle, je me flatte qu'on ne me renverra pas si vite.

Il fait encore grand jour lorsque Georgette sort de chez elle en grande tenue et au bras de M. de Mardeille. Tous les voisins sont à leur croisée; il n'est pas besoin de dire que les langues vont leur train.

— C'est l'ex-beau qui l'emporte ! dit le photographe; il est riche, il est élégant, tout cela séduit les petites filles qui mettent de l'amour-propre à donner le bras à un dandy.

— Et puis, il est encore fort bien, ce monsieur, dit le peintre en miniature. Je conçois qu'il ait su plaire à cette petite... Ces jeunes filles ont un goût étonnant pour les hommes faits !...

— Le Lovelace du premier se sera mis en frais, disent les deux hommes de lettres; il a habillé la voisine de pied en cap... Les femmes se laissent toujours prendre par la coquetterie?

— Et nous ne pouvions pas lui offrir tout cela, nous !

— C'est singulier; ce Mardeille a cependant la réputation d'être très-rat avec les femmes.

— C'est un bruit qu'il fait courir pour que l'on croie à son mérite.

Le jeune médecin ne dit rien; il se contente de soupirer, en murmurant :

— Elle n'a pas même été enrhumée !

M. Bistelle est furieux, car on a reçu ses bouquets, et on ne l'a pas reçu, lui; et on a répondu par des refus à toutes ses propositions, qui pourtant étaient fort brillantes; aussi, en voyant passer Georgette avec sa nouvelle toilette, s'écrie-t-il :

— Mais c'est mesquin, tout cela !... Mais ce châle n'est point un cachemire, pas même un châle de Lyon ; cette robe n'est point en poult de soie... ce chapeau ne vient point de chez une de nos premières modistes. Fi donc ! c'est de la gnognotte, tout cela ! ça se voit tout de suite ! Je l'aurais cent fois mieux habillée, cette petite ! C'est une sotte de m'avoir préféré ce Mardeille, qui n'est jamais assez être généreux avec les femmes.

Ce monsieur ne se dit pas qu'il est fort laid, tandis que son compétiteur est encore très-bien, mais ce sont de ces choses qu'on ne se dit jamais. D'ailleurs, on est tellement habitué à sa figure, que soi-même on ne se trouve pas très vilain.

Enfin, il n'est pas jusqu'à M. Renardin le célibataire, qui ne fasse une moue très-prononcée en voyant passer Georgette, d'autant plus que mademoiselle Arthémise, sa bonne, ne manque pas de lui dire, en ricanant :

— Voyez donc votre passion qui s'en va au bras du Joconde du premier !... Envoyez donc des boîtes de fruits confits à ces demoiselles... Elle se moque pas mal de vous, la chemisière !

— D'abord Arthémise, vous dites une bêtise; cette demoiselle n'a pas reçu de moi des fruits confits puisque c'est vous qui les avez mangés.

— Dieu merci ! je me suis trouvée là pour les arrêter au passage... Mais quoi elle les aurait reçus... Vous voyez bien qu'il est très-heureux que je les aie mangés... Ne croyez-vous pas que cette mijaurée aurait mis la boîte sur sa tête pour sortir avec vous... Oh ! c'est une fine mouche !... Elle rançonne le ci-devant jeune homme du premier; elle a raison, c'est, dit-on, un pleutre avec les femmes; il a ce qu'il mérite.

M. de Mardeille a mené Georgette à l'Ambigu-Comique. Il a voulu se placer avec elle dans une petite loge assez sombre; elle a refusé d'y entrer et ce monsieur a été obligé de se mettre au balcon avec elle. Là, pas moyen de se permettre la moindre liberté. En revanche, notre séducteur veut à chaque instant souffler dans l'oreille de la jeune fille quelques mots de son amour, mais bientôt celle-ci lui dit avec impatience :

— Faites-moi donc le plaisir de ne point me parler toujours... Vous m'empêchez d'entendre la pièce, et il me semble que c'est pour cela qu'on vient au spectacle.

M. de Mardeille se mordille les lèvres, en se disant :

— Il n'y a rien au spectacle comme ces petites filles qui n'y ont jamais été... Je ne t'y mènerai pas souvent, toi !

La pièce a beaucoup amusé Georgette, tandis qu'au contraire le spectacle a infiniment ennuyé son cavalier qui le voit finir avec joie. Pour revenir, ce monsieur veut prendre une voiture ; la jeune fille refuse, elle veut absolument aller à pied.

— Mais il tombe quelques gouttes d'eau, dit M. de Mardeille.

— Eh bien, cela nous rafraîchira !

— Mais, votre chapeau qui est tout frais, la pluie ne va-t-elle pas le faner, l'abîmer ?

— Le grand malheur !... s'il est gâté !... Il y a d'autres chapeaux chez les marchandes de modes !

— Est-ce qu'elle croit que je vais lui en acheter un tous les jours ! se dit son compagnon qui réprime avec peine un mouvement de colère, et qui est obligé de s'en revenir à pied, donnant le bras à Georgette qui, pendant tout le long du chemin, lui parle de la pièce et des acteurs qu'elle vient de voir.

Enfin, on est de retour chez soi. M. de Mardeille attendait ce moment avec impatience. Il se flattait que ce serait celui de son triomphe. On entre dans la maison où demeurent nos deux personnages. Arrivée devant la loge du concierge qui est au bas de l'escalier du premier corps de logis, Georgette s'arrête et fait une gracieuse révérence à son cavalier, en lui disant :

— Bonsoir, monsieur, et mille remercîments pour le plaisir que vous m'avez procuré en me menant au spectacle.

— Comment, bonsoir ? s'écrie M. de Mardeille en souriant. Mais je ne me couche pas encore, moi, et vous me permettrez bien d'aller causer un peu avec vous.

— Oh ! non, monsieur, car, moi, je vais me coucher et ce n'est pas le moment de causer...

— Vous coucher... mais qu'importe... Je ne vous en empêcherai pas, moi... Je serai trop heureux de vous aider à faire votre toilette de nuit...

— Je n'ai besoin de personne pour m'aider... En tous cas, ce n'est pas un homme que j'accepterais pour cela... Bonsoir, monsieur...

— Ah ça, mais... c'est une plaisanterie ceci... Comment, charmante voisine, vous ne voulez pas me recevoir un moment chez vous ?...

— Demain, monsieur, demain dans la journée je serai très-flattée de recevoir votre visite, s'il vous plaît de venir... mais à présent ce serait très-inconvenant.

En achevant ces mots, Georgette a fait un léger salut de tête et s'est sauvée vivement dans son petit escalier de l'entresol. M. de Mardeille est resté tout interdit devant la loge du concierge ; il ne revient pas de la conduite de la jeune fille et se dit :

— C'est trop fort ! elle accepte mes cadeaux... toute une toilette... qui m'a coûté assez cher... et elle se montre aussi sévère qu'auparavant... Elle se moque donc de moi, cette demoiselle ?...

Puis tout à coup, apercevant le concierge qui de sa loge regarde ce qui se passe en dehors, la cour et l'escalier étant encore allumés, notre élégant se frappe le front en se disant :

— Imbécile que je suis ! moi, qui ne devinais pas ! Cette petite a cent fois plus de tact que moi... Elle ne veut pas que le concierge me voie monter chez elle à minuit... ce qui ne manquerait pas de faire dire dans toute la maison que je passe la nuit chez la voisine... Oui, oui, c'est cela, elle a raison, elle m'indique clairement la conduite que je dois tenir : remonter chez moi, feindre de me coucher ; puis, lorsque tout le monde sera endormi, que le gaz sera éteint, redescendre et aller très-doucement retrouver la petite qui, je le gage, laissera, comme c'est son habitude, la clef sur sa porte. Voilà la marche toute tracée : suivons-la !...

M. de Mardeille monte son escalier faisant exprès beaucoup de bruit avec ses pieds. Il rentre chez lui, referme bruyamment la porte, se fait déshabiller par Frontin qu'il renvoie ensuite en lui ordonnant de se coucher, sur-le-champ. Une demi-heure s'écoule, le gaz est éteint, on n'entend plus aucun

bruit dans la maison, on ne voit plus aucune lumière chez les voisins ni même chez Georgette, et M. de Mardeille se dit :

— Cette jeune fille songe à tout !... Elle est là prudente même ! Elle a éteint sa lumière... Très-bien ! L'obscurité rend plus téméraire... Hâtons-nous, l'heure du berger a sonné.

Et ce monsieur sort bien doucement de chez lui enveloppé dans une vaste robe de chambre et sa belle toque sur sa tête, il descend son escalier en prenant des précautions pour ne point faire de bruit : il passe légèrement devant la loge du concierge qui n'est plus éclairée ; partout règne l'obscurité, et, en cherchant à tâtons son chemin dans la cour, notre séducteur va se cogner le nez contre la pompe ; mais alors il s'oriente : la porte du petit escalier est tout près ; il la trouve et monte les degrés en se disant :

— Enfin ! m'y voilà !...

En effet, il est bientôt devant la porte de Georgette ; il cherche, tâtonne ; la clef n'est pas dans la serrure et la porte est bien fermée.

— Elle n'a pas songé à mettre la clef par ici ! se dit M. de Mardeille ; c'est un oubli... peut-être est-ce par pudeur, pour ne point avoir l'air de m'attendre... Il faut cependant que je lui fasse savoir que je suis là... Frappons tout doucement... Oh ! elle ne doit pas dormir.

Ce monsieur frappe très-légèrement deux petits coups, puis un peu plus fort en murmurant :

— Eh bien, elle n'entend pas... se serait-elle déjà endormie... C'est bien singulier... on ne fait aucun bruit dans la maison... Elle devrait entendre... Oh ! tant pis... il faudra bien que je la réveille !... Si d'autres entendent, ce sera sa faute.

Et M. de Mardeille frappe plus fort, puis très-fort, et il crie à travers la porte :

— Ma petite voisine ! c'est moi... ouvrez donc une minute... j'ai oublié quelque chose chez vous... Voyons, charmante Georgette, c'est assez me faire endêver... il faut m'ouvrir..., j'ai des choses intéressantes à vous communiquer... De grâce, le temps de vous dire deux mots et je vous quitte...

Peine et prières inutiles ; on ne répond rien et la porte ne s'ouvre pas. Après être resté près de trois quarts d'heure sur le carré de Georgette, le séducteur désappointé enfonce avec colère sa toque sur son front et redescend de l'entre-sol, en se cognant contre les murs.

Pour augmenter sa fureur, lorsqu'il est dans la cour, il entend des éclats de rire partir de plusieurs fenêtres, et il reconnaît la voix de mademoiselle Arthémise, qui crie très-haut :

— Ah ! que c'est bien fait ! Enfoncé le beau musqué ! la petite se moque de ses amoureux, ça me raccommode avec elle !... Ah ! ah ! c'est le cas de chanter :

> Ma chandelle est morte,
> Je n'ai plus de feu ;
> Ouvre-moi ta porte,
> Pour l'amour de Dieu !

XIII

UNE BROCHE

M. de Mardeille n'a pas fermé l'œil de la nuit ; il est horriblement vexé ; il attend le lendemain avec impatience pour avoir une explication avec la petite chemisière, à laquelle il se promet d'adresser de sanglants reproches. Ce monsieur se croit dans son droit, parce qu'il prétend qu'en amour on ne donne rien pour rien...

Enfin, le jour est venu ; on va et vient dans la maison ; notre élégant se lève, va se regarder à sa glace et se trouve affreusement pâle, les yeux rouges, l'air fatigué. Comme avant tout ce monsieur veut être beau et séduisant, il passe plus d'une heure à sa toilette, changeant à chaque instant de cravate ou de gilet, sans que cela lui rende sa fraîcheur. De guerre lasse, il se dit :

— Un teint pâle rend intéressant ; les femmes aiment assez les airs mélancoliques. Cette cruelle fille sera touchée de mon air souffrant... Décidément il vaut mieux que je sois pâle... cela me met tout à fait dans la situation.

Ce monsieur se rend chez sa petite voisine, traversant la cour le plus vite possible pour échapper aux regards des voisins. Cette fois la clef est sur la porte. M. de Mardeille entre brusquement chez Georgette qui est déjà en train de travailler, et lui sourit d'un petit air mutin, en lui disant:

— Bonjour, monsieur, c'est bien aimable à vous de venir me voir... Asseyez-vous donc... nous allons causer de la pièce d'hier.

Mais M. de Mardeille ne s'assoit pas, il marche avec agitation dans la chambre, en répondant d'un air irrité:

— Mademoiselle, je ne viens pas ici pour causer du spectacle !..

—Ah! eh bien alors nous parlerons d'autre chose !...

— Mademoiselle, vous avez le sommeil bien dur !...

— Moi! oh vous vous trompez, monsieur, j'ai le sommeil fort léger au contraire; le plus petit bruit me réveille.

— Le plus petit bruit... Comment se fait-il alors que vous n'ayez pas entendu celui que j'ai fait hier au soir à votre porte, où j'ai frappé pendant plus d'une demi-heure sans que vous ayez daigné me répondre.

— Hier au soir? Mais je vous ai bien entendu, monsieur, beaucoup trop entendu même!

—Alors, mademoiselle, pourquoi donc ne m'avez-vous pas ouvert?

— Pourquoi? mais parce que cela ne m'a pas convenu! parce que je ne reçois pas de visites à minuit... parce que je trouvais fort inconvenant le tapage que vous faisiez à ma porte...

— Le tapage?... Mais si vous m'aviez ouvert tout de suite je n'aurais pas fait de tapage...

— Oui, mais puisque je ne voulais pas ouvrir... c'est vous qui ne deviez pas continuer de frapper.

— Mais, mademoiselle... il me semble que j'avais le droit de me présenter chez vous... que je devais compter y être reçu... Quand on accepte les cadeaux d'un homme, c'est qu'on consent... enfin ce n'est plus pour le laisser à la porte quand il vient vous voir...

— Le droit!.., le droit! s'écrie Georgette en se levant et lançant à M. de Mardeille un regard tellement courroucé qu'il en est tout interdit. Savez-vous bien, monsieur, que vous êtes un impertinent et que je devrais, sur-le-champ, vous mettre à la porte de chez moi et vous défendre d'y remettre les pieds! Le droit! qu'est-ce à dire, monsieur; est-ce parce que vous m'avez envoyé quelques misérables chiffons que vous vous permettez de me parler de la sorte... Sachez, monsieur,

que je vous ai fait beaucoup d'honneur en recevant vos superbes cadeaux... Si vous n'aviez pas eu le désir de sortir avec moi, vous ne me les auriez pas faits sans doute... Ainsi c'est bien plutôt pour satisfaire votre vanité, que vous m'avez envoyé cela, que pour m'être agréable à moi... et monsieur se figure que je vais, à cause de cela, lui ouvrir ma porte à minuit... peut-être même me donner à lui et me trouver trop heureuse d'être sa maîtresse... Mais vous êtes fou, monsieur; tenez les voilà vos présents... Oh! je n'y tiens pas! vous pouvez les reprendre... Tenez, voilà le cas que j'en fais!... En disant cela, Georgette a couru ouvrir une armoire; elle y prend robe, châle, chapeau; elle jette tout cela à terre et le repousse avec son pied devant M. de Mardeille qui est terrifié, et n'ose plus bouger.

Après avoir fait cela, la jeune fille est allée se rasseoir contre sa croisée, qui est ouverte comme de coutume, et elle se remet à travailler, sans paraître s'occuper du voisin qui reste debout et immobile comme un terme.

Quelques minutes s'écoulent ainsi. Le beau monsieur a eu le temps de réfléchir; il commence par ramasser le chapeau, la robe et le châle, va poser tout cela avec soin sur un meuble, puis revient vers Georgette, en balbutiant d'un air confus:

— Mademoiselle, j'ai eu tort... j'ai eu très-grand tort, je le reconnais !...

— C'est bien heureux que vous vous en aperceviez, monsieur.

— Je ne devais pas croire... ou plutôt je ne devais pas espérer... Certainement je n'attache aucun prix à ces colifichets que je vous ai envoyés... ce n'est pas cela qui m'a fait venir frapper hier au soir à votre porte... mais je croyais que vous étiez touchée de mes sentiments pour vous... que vous n'en doutiez plus... c'est ce qui m'avait poussé à venir frapper hier... après

le spectacle... De grâce, pardonnez-moi, chère voisine; ne soyez pas fâchée contre moi, cela me rendrait trop malheureux.

Georgette sourit en répondant:

— Puisque vous convenez de vos torts, je vous pardonne... Oh! je ne suis pas rancunière! je dis tout de suite ce que j'ai sur le cœur; après, c'est fini, je n'y pense plus.

Le beau monsieur prend la main de la jeune fille et la porte respectueusement à ses lèvres. Celle-ci retire sa main, lui montre un siège, et lui dit:

— A présent, asseyez-vous, et parlons d'autre chose.

— D'autre chose! murmure M. de Mardeille en s'asseyant. Quand je suis près de vous, il m'est difficile de ne point vous parler de mon amour... Est-ce que cela vous fâche?

Si vous saviez comme elle pompe avec grâce. (Page 31.)

— Non... mais vous ne vous souvenez donc pas de ce que je vous ai dit?

— Ma foi, c'est possible, chère voisine; que m'avez-vous dit à ce sujet?

— Je vous ai dit que je ne croyais à l'amour de quelqu'un que lorsqu'il m'en avait donné des preuves.

Le voisin fronce le sourcil et balbutie:

— Ah! oui... c'est vrai... je me le rappelle, à présent... des preuves... seulement, je ne me rends pas bien compte de ce que vous entendez par là...

— Oh! monsieur, je croirais vous faire injure en m'expliquant davantage! répond Georgette d'un air moqueur. Tant pis pour vous si vous ne comprenez pas!...

— Et le spectacle vous a beaucoup amusée, hier? reprend vivement M. de Mardeille, empressé de changer la conversation.

— Oui, monsieur, oui, beaucoup. J'irais très-souvent si j'en avais les moyens...

— Mais si l'on vous y mène, ce sera la même chose...

— Non, ce n'est pas la même chose de pouvoir se donner de l'agrément quand cela nous plaît, de n'en prendre que quand cela plaît aux autres.

— Enfin, ma jolie voisine, lorsqu'il vous plaira d'y retourner, je serai toujours à vos ordres et enchanté de vous y conduire.

— Vous êtes trop aimable, monsieur. Avez-vous remarqué hier, dans la salle, cette dame en rose qui était dans une loge sur le théâtre?...

— A une loge d'avant-scène?

— Je ne sais pas si cela s'appelle l'avant-scène; mais c'est une dame qui était coiffée avec une espèce de diadème en fleurs... et elle était bien jolie ainsi...

— Ah! oui, je me rappelle... une belle blonde... c'est Irma, une femme à la mode.

— Vous la connaissez?

— Oh! comme on connaît beaucoup de ces dames qu'on rencontre à tous les bals du Casino, a toutes les premières représentations..., enfin à toutes les fêtes où l'on peut aller en payant.

— Elle est mariée, cette dame?

— Mariée! par exemple! jamais!... est-ce que ces personnes-là ne marient! C'est une femme entretenue, tout bonnement!

— Ah! c'est une femme entretenue... en tout cas, elle l'est richement. Elle avait un collier et une broche magnifiques en diamants... car c'étaient des diamants, n'est-ce pas, monsieur?

— C'en était... ou du moins cela en avait l'air... mais c'était peut-être du faux... A présent on fait du faux qui imite si bien

le vrai que c'est à s'y tromper... c'est tout aussi joli, souvent même cela fait beaucoup plus d'effet, grâce à la manière dont c'est monté.

— Oh! du faux! quelle horreur! je ne voudrais jamais rien porter de faux, moi!

M. de Mardeille regarde sa montre, puis se lève en disant:

— Comme le temps passe vite près de vous, charmante Georgette... Mais j'ai affaire chez mon agent de change, et je n'ai que juste le temps de m'y rendre. Au revoir donc, ma jolie voisine... vous n'êtes plus fâchée, c'est bien entendu...

— Non, monsieur, non; j'ai oublié tout le passé.

Le beau monsieur salue et quitte la jeune fille, en se disant:

— Elle a oublié tout le passé!... par conséquent elle a entièrement oublié que je lui ai donné une toilette complète... elle regarde cela comme si peu de chose... et la voilà qui me parle de diamants à présent!... Oh! mais ceci devient trop fort!... cette petite a des prétentions exorbitantes! Ne voudrait-elle pas que je l'entretinsse comme Irma!... c'est inconcevable!... une chemisière qui voudrait des diamants!... Ah! je ne m'attendais pas à rencontrer tant de difficultés près d'une grisette... c'est la première fois que cela m'arrive... Elle m'a parlé avec un aplomb... elle n'est pas sotte!... et le pis c'est que, lorsqu'elle s'anime, ses yeux ont un feu... une expression... elle est ravissante... c'est un petit démon! Mais lui donner des diamants!... oh! jamais! jamais! j'aimerais mieux les manger

Quelques semaines s'écoulent. M. de Mardeille est toujours reçu dans la journée chez Georgette, qui tient ses fenêtres sans cesse ouvertes, quel temps qu'il fasse. Mais ce monsieur ne fait pas le moindre progrès dans ses amours. Lorsqu'il essaye de se rapprocher de la jeune fille, celle-ci l'oblige à reculer sa chaise; s'il veut lui prendre la main, elle la retire; s'il essaye de prendre la sienne sur ce petit jupon, objet de sa convoitise, elle le repousse brusquement et prend son air sévère en s'écriant:

— Je ne veux pas que l'on touche à ma jupe... c'est défendu!

Alors notre séducteur pousse de gros soupirs, auxquels on répond par de grands éclats de rire et des regards mutins qui rendent la jeune fille encore plus jolie; car, tout en tenant son voisin dans les bornes du respect, mademoiselle Georgette sait fort bien employer tout ce petit manége de coquetterie qui rendent un homme encore plus amoureux et achèvent de lui faire perdre la tête.

Si bien qu'au bout de ce temps, en sortant de chez Georgette, qui n'a fait qu'aller et venir dans sa chambre, toujours dans son simple costume du matin, M. de Mardeille s'écrie:

« Mademoiselle Georgette » (Page 37)

— Allons !... il n'y a pas moyen de faire autrement... je vais lui envoyer une petite broche... en diamants... en rose... quelque chose de pas trop cher... et pourtant il faudra que ce soit joli, sans quoi, je la connais, cette demoiselle, elle serait encore capable de se moquer de moi ! Oh ! les femmes !... moi, qui n'avais jamais dépensé un sou pour elles... Cette petite m'a fait sortir de mes habitudes... et à présent je suis aussi bête que les autres.

Le lendemain, on se présentant chez sa voisine, M. de Mardeille est gai, aimable, sautillant ; on croirait voir un jeune homme de vingt ans. Après s'être assis près de Georgette, il sort de sa poche une petite boîte de carton et la lui présente, en lui disant :

— Permettez-moi, ma charmante amie, de vous offrir ce gage... cette preuve de ma tendresse... et, en vous l'offrant, soyez assurée que je ne pense pas que cela me donne le moindre droit à votre affection... je ne veux la devoir qu'à votre cœur...

— A la bonne heure, c'est fort bien ce que vous dites là, répond Georgette, qui s'empresse d'ouvrir la boîte, et y trouve une petite broche qui pouvait valoir de huit à neuf cents francs et faisait beaucoup d'effet.

— Oh ! mais voilà qui est très-galant ! s'écrie la jeune fille. Décidément, monsieur, vous vous formez.

— Comment, je me forme ! se dit de Mardeille ; qu'est-ce qu'elle entend par là ! N'importe, ne lui demandons rien... ça la touchera, et je suis sûr que demain c'est elle qui me dira : « Je vous attends ce soir ! »

— Cette broche est charmante, reprend Georgette.

— Alors, vous voulez bien l'accepter ?

— Si je l'accepte ! certainement, monsieur, et j'en suis très-reconnaissante !

— Elle en est reconnaissante, fort bien ! se dit notre séducteur, le reste ira tout seul... N'ayons pas la maladresse de vouloir être payé maintenant de mon cadeau ; éloignons-nous, ce sera bien plus adroit.

M. de Mardeille se lève en disant :

— Je suis obligé de vous quitter, chère voisine.

— Déjà, monsieur ?

— Ce mot est bien aimable dans votre bouche !... Oui... des affaires pressantes m'appellent... C'est bien à regret que je m'éloigne si vite ; mais demain, je l'espère, je serai plus heureux.

— Je l'espère aussi, monsieur.

Le monsieur salue fort respectueusement la jeune fille, sans même lui prendre la main, il s'éloigne enchanté de ce qu'il vient de faire, et se dit :

— J'ai trouvé le bon moyen. Les femmes sont en général contrariantes ; il suffit qu'on ne leur demande plus rien pour qu'elles vous permettent tout : maintenant la petite est à moi.

XIV

SECONDE VISITE DE COLINET

Le lendemain de ce jour marqué par le présent d'une broche, M. de Mardeille, bercé par les plus douces espérances, se lève avec cette pensée :

— Soignons ma toilette, mais n'allons pas trop tôt chez la petite ; faisons-nous désirer. Après mon déjeuner, je me mettrai à ma fenêtre, et je suis sûr que c'est Georgette qui me fera signe d'aller chez elle. Oui, c'est bien plus adroit ainsi.

M. de Mardeille déjeûne lentement, il savoure son moka, comme une idée il savoure son futur triomphe ; enfin, après avoir parcouru quelques petits journaux, il se dirige vers une des fenêtres donnant sur la cour, pensant que c'est assez se faire désirer et qu'il faut enfin se montrer.

Et en ouvrant sa fenêtre, il plonge sur-le-champ ses regards

chez sa petite voisine et voit, assis près de Georgette, un jeune homme qui lui tient les deux mains et la regarde tendrement. Alors notre séducteur fronce les sourcils, se pince la bouche et roule des yeux effarés en s'écriant :

— Sapristi ! avec un jeune homme ! elle est avec un jeune homme... elle, qui soi-disant ne recevait que moi !... et voilà sa reconnaissance pour ma broche !... Oh ! mais nous allons voir... je ne me laisserai pas berner ainsi... Il faut que je sache quel est ce jeune homme qui lui tient les deux mains, tandis que c'est à peine si elle me laisse lui en prendre une...

La personne que le voisin vient de voir chez sa voisine est ce jeune Colinet que nous connaissons déjà. Il a presque le même costume qu'il portait la première fois qu'il est venu chez Georgette ; seulement un pantalon de toile remplace maintenant son pantalon de drap, et une badine légère son gros bâton noueux. Mais sur sa figure un changement plus grand s'est opéré ; depuis trois mois son air candide et timide a fait place à un air plus posé, plus réfléchi... c'est toujours une figure franche et ouverte, mais l'air naïf a disparu.

— Que je suis content de vous revoir, mam'zelle Georgette, dit Colinet en prenant les mains de la jeune fille.

— Et moi, Colinet... ah ! cela me rend bien heureuse ; et vous m'assurez que tout le monde se porte bien chez nous... ma mère, mon père, mes deux sœurs ?

— Oui, mam'zelle, je les ai laissés tous en bonne santé, et voilà une lettre que mamzelle Suzanne, votre seconde sœur, m'a remise pour vous ?...

— Ah ! donnez... donnez vite, Colinet.

Georgette saisit vivement la lettre que le jeune homme lui apporte ; elle en brise le cachet et en lit le contenu tout bas, et l'on voit à l'expression de sa physionomie tout l'intérêt qu'elle prend à cette lecture. Pendant que Georgette lit, Colinet regarde autour de lui, il semble faire l'inspection de la chambre, puis il murmure :

— C'est gentil ici, c'est plus faraud que là-bas.

Georgette a terminé sa lecture ; elle serre la lettre dans son sein et sourit de nouveau à Colinet, qui lui dit :

— Cette lettre vous fera-t-elle revenir au pays ?

— Pas encore, Colinet.

— Vous vous plaisez donc toujours mieux à Paris ?

— Ce n'est pas cela, mon ami ; mais j'y suis venue... pour quelque chose... et je ne quitterai Paris que lorsque j'aurai terminé ce que j'ai entrepris...

— Ah ! vous faites un travail ici ?

— Oui, mon ami.

— Et vous ne voulez pas me dire ce que c'est ?... Je pourrais peut-être vous aider...

— Non, vous ne pourriez pas m'aider... et il vaut mieux que je ne vous dise pas maintenant ce que je veux faire... mais un jour vous le saurez... oui, je le veux... un jour vous saurez tout... et vous ne me blâmerez pas, Colinet ; je suis certaine, au contraire, que vous m'approuverez.

— Ah ! mam'zelle Georgette, je ne vous blâmerai jamais, car je vous connais, moi, je sais que vous êtes incapable de faire de vilaines choses... Seulement, dame ! vous avez une tête un peu... comment donc disait-on chez nous... une tête solide... et quand vous avez résolu quelque chose... il faut que vous le fassiez...

— Pourvu que ce ne soit pas pour faire mal, est-il défendu d'avoir du caractère ?

— Non... non... oh ! rien ne vous est défendu... seulement, autrefois vous me disiez toi... et maintenant je vois avec peine que vous ne me tutoyez plus !

Georgette rougit, en répondant :

— C'est vrai, Colinet ; mais cela ne devrait pas vous faire de la peine... au contraire... car je ne vous aime pas moins pour cela... seulement... il me semble que je ne dois plus vous parler aussi familièrement que lorsque nous étions tout jeunes...

— Si vous m'aimez autant... je ne dois pas me plaindre... mais dire... Georgette, tutoie-moi encore chaque jour davantage.

— Oh ! tant mieux !... c'est bien ce que je veux... et surtout que vous ne changiez pas... car je compte sur votre amour, Colinet !

— Oh! mam'zelle Georgette! quand on vous aime, est-ce qu'on peut changer?

— Embrassez-moi, Colinet.

— Ah! de grand cœur.

Le voisin n'avait pas vu le jeune homme embrasser sa voisine, parce que tout cela s'était passé avant qu'il se mît à la fenêtre.

Colinet s'écrie, après avoir embrassé Georgette :

— Et ce M. Dupont que j'ai vu si souvent chez vous à mon dernier voyage, le voyez-vous toujours?

— Non, Colinet, je ne vois plus M. Dupont.

Le jeune homme sourit. Il paraît enchanté de ce qu'il apprend; mais son front se rembrunit lorsque la jeune fille lui dit :

— Non, je ne vois plus ce monsieur-là... mais j'en vois un autre.

— Ah! vous avez fait la connaissance d'un autre?

— Oui, un monsieur très-comme il faut, qui demeure dans cette maison; il vient très-souvent me voir...

— Très-souvent?

— Il est probable que vous allez le voir tout à l'heure. Alors, comme je dirai, ce qui est vrai, que vous êtes mon ami d'enfance, n'allez pas oublier que je me suis dite Normande...

— Normande! mais ce n'est pas vrai cela; vous êtes de Toul en Lorraine.

— Je le sais très-bien, Colinet; mais voilà justement ce qu'il ne faut pas que ce monsieur sache, et surtout n'allez pas prononcer devant lui le nom de mes parents... songez-y bien...

— Pourquoi donc faites-vous tous ces mystères à ce monsieur? Vous n'avez jamais rien fait de mal, je pense; pourquoi cacher le nom de votre famille, mam'zelle?

— Colinet, vous m'avez dit que vous aviez confiance en moi...

— Oh! certainement... je l'ai toujours.

— En ce cas, mon ami, dispensez-vous de me faire des questions auxquelles je ne répondrai pas maintenant. Je vous ai dit qu'un jour tout cela vous serait expliqué, cela doit vous suffire.

— C'est vrai, mam'zelle; j'ai eu tort de vous faire des questions; je ne vous en parlerai plus, c'est fini. Alors, vous êtes Normande?

— Oui, d'un petit village, près de Rouen.

— Le nom du village?

— Le nom? je n'en sais rien; qu'importe? le premier nom venu! Ce monsieur ne connaît pas tous les environs de Rouen... Tenez, Belair... il y a des Belair dans tous les pays.

— C'est entendu; et moi, alors, je suis Normand aussi...

— Sans doute.

— Et puis je toujours élever des veaux?

— Pourquoi pas? On élève des bêtes partout... Chut!... j'entends monter le voisin.

M. de Mardeille avait traversé la cour comme une fusée; il était monté sans reprendre haleine, et il entre chez sa petite voisine comme une bombe, s'avance sans même répondre au salut de Colinet, qui s'est levé à son arrivée, puis va se poser devant Georgette, en prononçant d'une voix gutturale :

— C'est moi, mademoiselle!

Georgette sourit en répondant :

— Je le vois bien, monsieur.

— Vous ne m'attendiez pas... du moins en ce moment, je pense?

— Pourquoi donc cela, monsieur? Je ne vous attends jamais! Vous venez quand vous fait plaisir, entre voisins, on n'est pas sur la cérémonie...

— Oui... mais... je croyais... je ne pensais pas vous trouver en société comme une bombe, s'avance sans même répondre au vous!...

La physionomie de la jeune fille devient sérieuse et sévère; elle jette sur M. de Mardeille un regard courroucé, en s'écriant :

— D'abord, monsieur, je trouve de très-mauvais goût ce que vous venez de dire... Si jusqu'à présent il ne m'a pas convenu

de recevoir d'autres visites que la vôtre, soyez bien persuadé que ce n'est pas pour vous être agréable que je l'ai fait...

— Mademoiselle, je...

— C'est qu'à vous entendre on croirait, en vérité, que je dépends de vous... que vous avez quelques droits sur moi... Vous me faites pitié, monsieur!

Le bel homme devient rouge comme un coq d'Inde; il trépigne des pieds, déchire ses gants, mais ne sait que répondre.

Georgette continue :

— Aujourd'hui, mon ami d'enfance, qui arrive de notre pays pour me donner des nouvelles de mes parents, est venu me voir... il sera toujours le bien-venu chez moi. J'allais vous le présenter, monsieur, quand vous êtes arrivé et avez dit des choses si ridicules... vous n'avez même pas eu la politesse de répondre au salut que mon ami Colinet vous a fait lorsque vous êtes entré... Vous, monsieur, qui connaissez si bien les usages... permettez-moi de croire que vous n'êtes pas ce matin dans votre état ordinaire, et que quelque chose a brouillé vos esprits... Colinet, rasseyez-vous, mon ami.

M. de Mardeille ne sait plus où il en est; le regard fier de Georgette l'a cloué à sa place; enfin il se tourne du côté de Colinet et lui fait un grand salut; puis il se décide à s'asseoir en murmurant :

— Oui, c'est vrai, j'ai la migraine ce matin, une très-forte migraine... cela rend très-malade...

— A la bonne heure! dites-nous cela, et on vous excusera d'être de mauvaise humeur. Colinet, mon ami, êtes-vous pour longtemps à Paris?

— Oh! non, mam'zelle Georgette; je ne puis y rester qu'un jour; je repartirai demain dans l'après-midi.

La figure du voisin redevient aimable; il se balance sur sa chaise.

— Qui vous presse tant, Colinet?

— C'est que j'ai plusieurs commissions à faire... en m'en revenant... Nous avons vendu des veaux, je dois en toucher le prix.

— Monsieur est éleveur de bestiaux? dit Mardeille à Colinet.

— Oui, monsieur; je suis particulièrement dans les bêtes à cornes, parce que ça va toujours.

— Oui, oui, c'est une bonne partie.

Puis, se penchant vers Georgette, le voisin lui dit d'un ton presque timide :

— Vous n'avez pas mis votre broche!

— Ah! par exemple... avec ma camisole! répond Georgette en riant; est-ce qu'on met une broche si matin?

— Vous avez une volaille à mettre à la broche? demande Colinet. Si vous voulez, je vais vous aider... La volaille, ça me connaît.

Georgette rit aux éclats, M. de Mardeille tâche d'en faire autant, mais son rire à lui n'est pas franc.

— Mon bon Colinet, il ne s'agit pas de volaille, ni de la broche que vous croyez, dit la jeune chemisière lorsque son rire est un peu calmé. Oh! je ne fais pas de si grande cuisine... je fais des repas plus modestes. Cependant, mon ami, si demain avant de partir vous voulez bien venir déjeuner avec moi, j'aurai un pâté, un saucisson; avec cela et de l'appétit, on déjeune parfaitement, n'est-ce pas?

— Assurément, mam'zelle; je n'aurai garde de manquer.

— Si monsieur de Mardeille voulait être des nôtres, et ne trouvait pas notre déjeuner indigne de lui, il nous ferait grand plaisir en acceptant.

La figure du voisin redevient tout à fait radieuse. Il s'incline en s'écriant :

— Indigne de moi! Un repas que vous présiderez!... Mai il me semblera délicieux, au contraire, et j'accepte de grand cœur votre aimable invitation... Seulement, je vous demanderai la permission d'apporter quelques bouteilles de vieux vin de ma cave... cela ne peut jamais nuire.

— Oh! apportez tout ce que vous voudrez; nous ne sommes pas fiers, nous autres; nous acceptons tout ce qu'on nous offre.

— En ce cas, ma charmante voisine, c'est chose convenue, demain je déjeune avec vous. En attendant, je vous laisse, car vous pouvez avoir mille choses à dire à monsieur pour vos parents... vos amis... des commissions à lui donner pour votre famille, et je serais désolé de vous gêner... Au revoir, chère voisine ; bonjour, monsieur, à demain. A quelle heure déjeunez-vous, voisine ?

— Mais, à dix heures, voisin.

— Très-bien ; je serai exact.

Et le beau monsieur s'éloigne aussi content qu'il est arrivé furieux ; quelques paroles de Georgette ont suffi pour changer ainsi son humeur ; il est vrai qu'elle a une manière de les dire qui n'admet pas de réplique.

Colinet semble réfléchir lorsque le voisin est parti, et Georgette lui dit :

— A quoi pensez-vous, mon ami ?

— A ce monsieur... qui était là tout à l'heure... Comme il vous a parlé en arrivant !...

— Et vous avez entendu comme je lui ai répondu.

— Oh ! ça m'a fait plaisir ! Il vous fait la cour, ce beau mûr-là ?

— Oui, mais soyez sans crainte, Colinet ; il n'est pas plus dangereux pour moi que ne l'était M. Dupont !

— Puisque vous le dites, je vous crois. Mais pourquoi l'avez-vous engagé à déjeuner avec nous demain ? J'aurais été bien plus content de ne déjeuner qu'avec vous !...

— Et moi aussi, mon ami ; mais j'ai fait ce que je devais faire, car je ne veux pas encore me fâcher avec le voisin, et c'est ce qui serait arrivé si je ne l'avais pas invité. Je vais répondre à ma sœur Suzanne, puis écrire à Aimée. Demain je vous chargerai de tout cela...

— En ce cas, moi, je vais aller faire plusieurs commissions... car lorsqu'on vient à Paris, vous savez comme ils sont au pays, c'est à qui vous donnera une commission à faire. J'ai promis de dîner avec des amis... je ne vous verrai plus que demain...

— Venez de bonne heure, alors, pour que nous ayons le temps de causer un peu avant le déjeuner...

— Oui, mam'zelle Georgette... Ah ! quel dommage de ne point déjeuner rien que nous deux !...

— Un temps viendra, Colinet, où nous serons souvent rien que nous deux... mais alors, vous le désirerez moins peut-être...

— Ah ! Georgette ! vous ne pensez pas cela !...

Pour toute réponse la jeune fille tend sa main à son ami d'enfance ; celui-ci la presse dans les siennes, puis la couvre de baisers, et il faut que Georgette lui rappelle toutes les commissions dont on l'a chargé pour qu'il se décide à la quitter.

XV

UN DÉJEUNER GENTIL

Le jour suivant, dès neuf heures du matin, Frontin apportait chez Georgette une terrine de foies gras, un jambonneau de Reims, des gâteaux, des fruits superbes, du bordeaux, du madère et du champagne. Le valet de chambre, qui se rappelait de quelle façon lui avait parlé la jeune chemisière, était devenu avec elle aussi poli qu'il s'était montré d'abord impertinent.

Georgette reçoit tout cela sans en paraître surprise, tandis que Colinet, qui est déjà chez sa payse, ouvre de grands yeux, en s'écriant :

— Comment ! nous allons manger tout ça ? Oh ! mais, quel festin, mam'zelle Georgette !... quel festin ! Il faut que ce monsieur-là soit bien amoureux de vous pour vous envoyer tant de bonnes choses ?

— Tu crois que cela prouve son amour, Colinet ?

— Dame ! ça doit prouver quelque chose, toujours.

— Oui, cela prouve qu'il voudrait me séduire ; car il y a des femmes qui se laissent prendre par la gourmandise...

— Oh ! oui, on en voit tout plein... Tenez, il y a au pays Manette, qui a été... dans le petit bois avec Blaise pour une tarte aux prunes ! Mais vous n'êtes pas de ces filles-là, vous Georgette !

— Oh ! non... Je mangerai de tout ça, et le voisin n'en sera pas plus avancé. Colinet, vous n'oublierez pas de remettre à mes sœurs les lettres que je vous ai données ?

— Par exemple ! est-ce que j'oublie quelque chose de ce que vous me dites ? D'autant plus que Suzanne et Aimée attendent toujours vos lettres avec b'en de l'impatience...

— Je le crois... Pauvres sœurs !...

— Leur annoncez-vous que vous reviendrez bientôt au pays ?

— Pas encore, mon ami, pas encore...

— Est-ce que vous resterez longtemps à Paris ?

— Mon Dieu ! je n'en sais rien, moi...

— Et votre mère, cette bonne maman Granery ! Ah ! elle soupire si souvent après vous !...

— Ma mère !... Ah ! Colinet, dites-lui bien que je l'aime toujours autant... qu'elle n'aura point à rougir de moi, et que je veux... Mais silence ! j'entends M. de Mardeille.

Le voisin du premier entre tout gai, tout aimable, tout souriant ; il présente ses hommages à Georgette et frappe familièrement sur l'épaule de Colinet.

— En vérité, monsieur, vous êtes bien bon pour nous, dit Georgette ; vous nous avez envoyé tant de choses !... Mon pauvre petit pâté, à moi, n'osera plus se montrer auprès de vos cadeaux !...

— Vous plaisantez, chère voisine ! nous fêterons votre pâté comme le reste ! N'est-il pas vrai, monsieur Colinet ?

— Oui, monsieur ; je ne demande pas mieux.

— En ce cas, messieurs, mettons-nous à table !

On se place à une table qui n'est pas élégante, mais qui est d'une exquise propreté. La jeune fille a remplacé par des fleurs ces surtouts merveilleux qui ornent les beaux couverts ; et les femmes savent arranger et disposer les fleurs avec tant de goût, qu'elles en font toujours une charmante parure ; puis Georgette fait les honneurs de sa table sans embarras, sans gaucherie ; puis elle a conservé pour déjeuner son petit jupon et sa camisole, ce qui la rend tout à fait séduisante.

— Vous m'excuserez, monsieur, de n'avoir pas fait de toilette, dit-elle à son voisin ; mais je suis à mon aise ainsi... et puis j'aurais craint de gâter ma belle robe !

— Vous êtes ravissante dans ce costume, ma petite voisine ; je serais désolé si vous aviez fait de la toilette. N'êtes-vous pas de mon avis, monsieur Colinet, et ne trouvez-vous pas que mademoiselle Georgette est piquante dans ce charmant négligé ?

Colinet est très-occupé à manger ; cependant il secoue la tête en répondant :

— Je suis habitué à voir mam'zelle comme ça ! Chez nous, on ne s'habille qu'aux fêtes carillonnées.

— Comment s'appelle votre pays, monsieur Colinet ?

Le jeune garçon regarde Georgette ; celle-ci devine qu'il a oublié le nom qu'elle lui a dit ; elle s'empresse de répondre pour lui :

— Belair, monsieur.

— Belair... Je ne connais pas cette ville-là en Normandie.

— Ce n'est pas une ville, c'est un village.

— Oh ! si ce n'est qu'un village, c'est différent. Buvez donc monsieur Colinet... Aimez-vous le vin ?

— Oui, monsieur : surtout quand il est aussi bon que ce lui-là !

— Et puis, dans votre pays vous ne devez boire que du cidre ?

— Du cidre ?...

Colinet fait un air étonné ; mais Georgette lui allonge un coup de pied sous la table, en s'écriant :

— Dame ! sans doute, du cidre... Vous savez bien que chez nous... en Normandie, le cidre est plus commun que le vin...

aussi, Colinet, je vous engage à ne pas trop boire de celui-ci, car vous serez bien vite gris!...

— Mais non, ne craignez rien, dit M. de Mardeille; les vins naturels ne font jamais de mal...

— Dame! ça le regarde...Mais si vous le grisez, il ne pourra plus s'en retourner aujourd'hui.

Cette réflexion de Georgette arrête le beau monsieur, qui allait remplir le verre de son voisin, et qui se dit que ce serait maladroit à lui d'empêcher l'ami d'enfance de partir.

Le déjeuner se prolonge assez longtemps; Colinet sait conserver sa raison tout en faisant honneur aux vins du voisin. Georgette a soin de changer la conversation quand M. de Mardeille parle de la Normandie. Lorsqu'on entend sonner une heure, M. de Mardeille se lève en disant :

— Il faut que j'aille à la Bourse.

— Et moi, dit Colinet, il faut que je songe à mon départ.

— Bon voyage, monsieur Colinet. Nous nous reverrons, je l'espère.

— Oh! oui, dit Georgette; certainement que vous le reverrez.

M. de Mardeille est parti. Colinet soupire en disant :

— Il est plus heureux que moi, ce monsieur-là; car il reste tout près de vous, et moi je vais encore vous quitter!

— Non, Colinet, il n'est pas plus heureux que vous, car je vous aime, vous! et je n'aurai jamais d'amour ni même d'amitié pour ce monsieur-là...

— Ah! alors c'est juste! je suis plus heureux que lui!... Son déjeuner était bien bon!... Mais c'est égal, je préférerais rien que des pommes de terre avec vous seule!...

— Et moi aussi, mon ami.

— Alors, il ne fallait pas l'inviter!

— Est-ce que vous allez recommencer vos questions, Colinet?

— Oh! non, non; pardonnez-moi, c'est fini.

— Allons, embrassez-moi et partez; puis, embrassez pour moi ma mère, mon père... et mes sœurs!...

— Oh! soyez tranquille... je n'y manquerai pas.

Colinet embrasse Georgette, et part pleurant tout aussi fort qu'à son voyage précédent.

XVI

DOUZE MILLE FRANCS

Sur les cinq heures de l'après-midi, M. de Mardeille retourne chez Georgette, qu'il a aperçue seule chez elle et toujours contre la fenêtre.

— Eh bien, votre jeune compatriote est parti? dit notre élégant en s'asseyant près de la jeune fille.

— Oui, monsieur; oh! il y a longtemps! presque aussitôt que vous.

— Le jeune homme paraît vous aimer beaucoup?

— Oui, c'est un véritable ami.

— Mais enfin ce n'est pas votre amant?

— Je vous ai dit que je n'avais pas d'amant, monsieur; je puis ajouter sans mentir que je n'en ai jamais eu!...

— Je vous crois, chère voisine... je vous crois... Bien que ce soit une rareté de rencontrer à Paris une jeune fille de vingt ans... car vous avez vingt ans, je crois?

— Et six mois, monsieur.

— Et six mois... C'est encore plus fort... sage... et qui l'a toujours été... Oh! c'est très-joli! Mais enfin, votre intention n'est pas de garder toujours... votre cœur?

— Je ne sais pas, monsieur; on ne peut pas répondre des circonstances!...

— Ah! bravo, très-bien répondu

Et M. de Mardeille rapproche sa chaise contre celle de Georgette, puis murmurant :

— Et si les circonstances vous font rencontrer un homme... qui vous adore... qui mette son bonheur à faire le vôtre... comme moi, par exemple? alors vous lui céderiez...

— Mais les femmes sont si faibles...

— Ah! ravissante petite, je suis le plus heureux des hommes... vous me comblez!...

En disant cela, M. de Mardeille porte déjà ses mains sur le petit jupon noir... mais Georgette recule vivement sa chaise et lui applique sur la main une forte tape, en lui disant d'un ton très-sérieux :

— Eh bien! monsieur, quelles sont ces manières... Je vous ai déjà dit que cela ne me convenait pas!

Le beau monsieur frappe du pied avec colère en s'écriant :

— Sapristi, mademoiselle, vous vous moquez donc de moi à la fin! Vous me laissez entrevoir que vous ne serez plus cruelle... puis vous me défendez la plus légère privauté!... Qu'est-ce que cela veut dire?... Où en sommes-nous ? Je voudrais pourtant bien savoir à quoi m'en tenir, moi!

— Je ne me moque pas de vous, monsieur, mais à propos de quoi avez-vous cru que j'allais déjà vous céder?

— Déjà!... déjà est fort joli! quand il y a plus de deux mois que je fais la cour à mademoiselle... quand j'ai fait pour elle des sacrifices... Je ne parle pas de la toilette, c'était une misère! mais enfin vous avez paru désirer une broche en brillants; cette broche, je vous l'ai sur-le-champ envoyée... Ceci n'est pas une misère, permettez-moi de vous le dire... et quand on accepte de tels présents...

— On devient tout de suite la maîtresse de celui qui les a faits, n'est-ce pas, monsieur?

— Ma foi oui... c'est l'ordinaire du moins.

— Eh bien, monsieur, ce n'est pas mon idée à moi!

— Alors, mademoiselle, quelles sont donc vos idées ou plutôt vos prétentions? car enfin je ne vous comprends plus...

— Tenez, monsieur de Mardeille, voulez-vous que je m'explique bien franchement avec vous? que je vous dise ce que j'ai résolu, enfin?

— Oh! oui, expliquez-vous! cela me fera bien plaisir... Parlez, je suis impatient de vous entendre.

— Ecoutez-moi donc, monsieur. Si, attendrie... flattée par le présent de votre broche, je vous cédais aujourd'hui, comme vous prétendez que cela devrait être, qu'en arriverait-il, monsieur? c'est qu'une fois votre amour ou plutôt votre caprice satisfait... car chez la plupart de vos pareils cet amour-là n'est qu'un caprice...

— Oh! pouvez-vous croire...

— Oui, monsieur, oui, je crois... je n'ai pas le moindre doute même; mais de grâce laissez-moi continuer. Eh bien, si j'étais assez faible... assez sotte, tranchons le mot, pour ne plus résister, alors... dans un mois... deux mois... mettons-en trois, si vous voulez, vous auriez bien assez de la petite grisette; elle vous ennuierait... vous cesseriez de la voir... bien plus, vous la fuiriez avec autant d'empressement que vous en mettiez auparavant à la rechercher. Voilà donc cette jeune fille abandonnée par l'homme auquel elle a tout sacrifié, dont elle a cru les serments... et cet homme, après l'avoir déshabituée du travail par une vie de paresse et de plaisirs, la laisse le plus souvent sans ressources contre la misère!... Mais ce n'est pas tout encore!... Si cette jeune fille était seule malheureuse, ce serait beaucoup sans doute, mais enfin elle seule serait punie de sa faute... Il n'en est pas toujours ainsi!... Souvent, trop souvent!... un pauvre enfant est né de cette liaison éphémère... Alors la pauvre fille, qui peut à peine par son travail, n'a pas de quoi nourrir son enfant !... Est-ce que ce n'est pas affreux, cela?... Est-ce qu'on ne doit pas être épouvantée d'un si terrible avenir?...

— Oh! mademoiselle! vous créez des événements... des chimères... Vous faites un roman!

— Non, monsieur, je ne fais point de roman! je dis ce qui se voit, ce qui arrive tous les jours... Et vous-même, monsieur, qui prétendez que j'invente des chimères, voyons, soyez franc, si cela est possible... est-ce qu'il ne vous est jamais arrivé de séduire et d'abandonner ensuite une jeune fille dans la position dont je viens de vous faire le tableau... Cherchez bien dans le cours de votre vie... de vos amours...

de vos nombreuses conquêtes... Dites, monsieur, êtes-vous bien sûr que cela ne vous soit jamais arrivé ?...

M. de Mardeille a changé de couleur ; il s'est levé en faisant une mine renfrognée ; il se promène dans la chambre et murmure :

— Mon Dieu, mademoiselle, il ne s'agit pas de mès nombreuses conquêtes... de mes aventures... Je ne peux pas me rappeler tout ce qui m'est arrivé... ce serait trop long... d'ailleurs je ne m'en souviens plus.

— Dites plutôt que vous ne voulez pas vous en souvenir !

— De grâce, laissons cela et revenons à vous... D'après ce que vous venez de me dire... et si j'ai bien su vous comprendre... vous ne céderez à quelqu'un...

— Que lorsqu'il m'aura mise en position de ne plus craindre la misère et de pouvoir au moins nourrir et bien élever mon enfant... s'il m'en arrive un... Oui, monsieur, voilà ma résolution bien arrêtée, bien décidée, et je vous certifie que je n'en changerai pas...

Le beau voisin fait une vilaine grimace et continue de se promener dans la chambre tout en marronnant :

— Diable ! diable !.., vous calculez, mademoiselle, vous prenez vos précautions...

— Est-ce que cela est défendu, monsieur ?

— Non, mais cela est rare... heureusement... Pour vous, l'amour... le sentiment... les avantages d'un homme... tout ce qui séduit ordinairement les jeunes filles... cela glisse sur votre cœur... cela ne l'émotionne pas... La sensibilité n'est pas votre fort...

— Vous croyez ? et vous, monsieur, vous êtes donc bien sensible ?

— Je le suis... à vos charmes assurément... mais mon amour ne vous touche pas... vous êtes cruelle à mon égard !...

— Je suis moins bête que les autres, voilà tout !

— Enfin, mademoiselle, s'il faut vous assurer une fortune pour mériter vos faveurs... vous comprenez que tout le monde ne peut pas se permettre une telle amourette !...

— Une fortune ! oh ! non, monsieur, je ne suis pas si ambitieuse ; ce n'est point une fortune que je demande ? c'est tout simplement de quoi pouvoir élever l'enfant qui est si souvent le résultat de notre faute...

— Ah ! vous ne voulez que pour le résultat !... Mais s'il n'y en a pas, de résultat ?

— Eh bien, alors ce sera pour la jeune fille, qui sera du moins à l'abri du besoin.

— Ah ! ce sera pour la jeune fille... si ce n'est pas pour l'enfant... Très-bien... vous pensez à tout !... Vous pourriez être caissier chez un agent de change !

— Mais cela ne me déplairait pas... En général, les hommes gagnent plus avec la plume que les femmes avec leur aiguille.

— Aussi, n'est-ce pas à leur aiguille qu'elles s'adressent pour satisfaire leur coquetterie...

— Il le faut bien, puisqu'on les y force !

— On ne les force pas à être coquettes !

— Vous seriez bien fâchés qu'elles ne le fussent point !

M. de Mardeille se promène encore quelque temps dans la chambre, fredonnant entre ses dents : — Quand on sait aimer et plaire, a-t-on besoin d'autres biens !... Ah non !... il n'est pas de circonstance, cet air-là !... Un bandeau couvre les yeux... du dieu qui rend amoureux... C'est bien plus vrai, ceci !... Viens, gentille dame ! je t'attends ! je t'attends ! je t'attends !

Georgette continue de travailler comme si ce monsieur n'était pas là. Quand il est las de chanter, le voisin s'approche de la jolie chemisière et lui dit assez brusquement :

— Qu'est-ce que cela peut coûter, la bouillie d'un enfant ?

Georgette sourit en répondant.

— Cherchez et vous trouverez !

— Ah ! bon, voilà qu'elle me cite des paroles d'Evangile maintenant. Mais saint Pierre s'est moqué de nous quand il a dit cela, car il y a une chose que j'ai sans cesse cherchée et que je n'ai jamais trouvée... Je ne vous dirai pas ce que c'est,

par galanterie pour votre sexe, mais tous les hommes me deviront. Enfin, j'en reviens à ce que je vous demandais... Il me semble qu'avec... deux ou trois mille francs on doit avoir de la bouillie en quantité et pour longtemps !...

— Est-ce que vous voulez qu'un enfant ne vive que de bouillie ?...

— Ça ou autre chose... Un enfant se nourrit avec si peu.

— Mais il n'y a pas que la nourriture à lui donner... Quand cet enfant grandit, est-ce qu'il ne faut pas songer à son éducation... puis à le mettre en apprentissage, à lui apprendre un état... il faut qu'il sache gagner sa vie afin de pouvoir, à son tour, aider ses parents !...

— Oh ! tra la la la !... il n'y a plus de raison pour que cela finisse !... Que ne demandez-vous tout de suite pour lui acheter un homme, si c'est un garçon, ou lui donner une dot, si c'est une fille !

— Mais cela se devrait !

— Quand je vous disais, mademoiselle, que vous voulez sur-le-champ une fortune !...

— Non, monsieur, vous exagérez ! car il me semble... oui... admettons que l'on ait un garçon à élever... on se ferait une petite rente qui s'augmenterait par la suite..... eh bien, je crois qu'avec... douze mille francs on pourrait en venir à bout.

— Douze mille francs !...

Et M. de Mardeille fait un bond dans lequel sa tête manque de frapper le plafond. Puis il reprend :

— Douze mille francs, et vous trouvez que ce n'est rien cela, mademoiselle !

— Je trouve que ce n'est que bien juste ce qu'il faut pour arriver à faire un homme d'un enfant... Mais, en plaçant tout de suite cette somme à la caisse d'épargne, on se ferait une petite rente qui s'augmenterait par la suite... Oh ! croyez bien, monsieur, que la mère ne garderait rien pour elle, mais du moins elle serait rassurée sur l'avenir de son enfant...

— Et, comme cette mère ne garderait rien pour elle de cette rente, il faudrait encore l'entretenir ?...

— Oh non, monsieur ! cette somme, une fois donnée, ce serait tout ; elle ne voudrait plus rien recevoir !

Le beau monsieur se promène de nouveau dans la chambre en disant de temps à autre ces phrases :

— Le monde devient curieux... c'est une école !... on y apprend tous les jours... mais les femmes deviennent de plus en plus rouées !... Nous ne sommes que des enfants près d'elles !... Douze mille francs !... avec cela... il n'y a pas encore longtemps on aurait eu plus de cent maîtresses !... Je ne parle pas pour moi, car Dieu merci, je ne me suis jamais ruiné pour les femmes !... Je triomphais sans bourse délier !... J'aimais mieux cela ; au moins j'étais certain d'être aimé pour moi-même... On ne me mettait pas le marché à la main !...

— Monsieur, savez-vous bien que vos réflexions ne sont pas polies ! dit Georgette, impatientée par les soliloques de ce monsieur.

— Mais, mademoiselle, il me semble qu'il m'est bien au moins permis de me plaindre !...

— Non, monsieur, cela ne vous est pas permis... Vous blâmez ma conduite ; mais si je voulais, moi, monsieur, je n'aurais qu'un mot à dire pour vous faire rougir de la vôtre... pour vous forcer à courber votre front devant moi et à me demander pardon de toutes vos impertinences.

M. de Mardeille roule de gros yeux en balbutiant : — Mademoiselle, je ne comprends pas un mot à ce que vous me dites... Si vous vouliez vous expliquer mieux...

— Il ne me convient pas de m'expliquer davantage en ce moment... mais soyez tranquille, vous ne perdrez rien pour attendre...

Le voisin prend son chapeau en se disant :

— Je ne perdrai rien ?... c'est une question... j'ai bien peur d'en être pour ma broche... Si j'osais, je la lui redemanderais... mais je n'ose pas... d'autant plus que j'ai dans l'idée qu'elle ne me la rendrait pas... Cette petite fille m'impose !... elle a un accent... Un ton si décidé !... Imbécile que j'ai été ! cela m'apprendra à faire des sacrifices pour les femmes !

Et se tournant vers Georgette, ce monsieur lui fait un léger salut et sort de chez elle, infiniment moins radieux que le matin, et en murmurant entre ses dents : — Douze mille francs! une petite chemisière!... Où allons-nous, mon Dieu! où allons-nous!

XVII

UN PAQUET

Pendant huit jours, le monsieur du premier étage est d'une humeur inabordable... Il sort et rentre à chaque instant de la journée; gronde son domestique, ne mange presque plus, dort mal, et ne se met pas une seule fois à ses fenêtres qui donnent sur la cour.

Un jour, Frontin a voulu parler de la jeune fille de l'entresol; son maître l'a interrompu brusquement, en lui disant :

— Si tu me dis un seul mot sur la chemisière! si tu te permets de me rapporter une parole qui ait rapport à elle, je te flanque à la porte avec mon pied... où tu sais bien.

Mais ces huit jours passés, M. de Mardeille, qui s'effraye de n'avoir plus ni appétit ni sommeil, et qui voit avec effroi que sa figure fraîche et riante tourne à la pomme cuite; que son front se plisse, que ses joues se cavent et que, si cela continue, il paraîtra au moins son âge, se dit :

— Cela ne peut pas durer comme cela!... je veux me distraire et je ne le puis pas!... je fais la cour à d'autres femmes, elles m'accueillent favorablement... et je n'y retourne plus... L'image de cette Georgette est sans cesse devant mes yeux... Je la vois... allant et venant dans sa chambre, en camisole et en petit jupon court... Ses formes voluptueuses me tournent la tête... Décidément j'en tiens pour cette jeune fille... et après tout... je serais bien bête de me laisser devenir étique quand il ne tient qu'à moi d'être l'heureux amant de cette petite... je sais ce que cela me coûtera... Mais après tout! douze mille francs! cela n'est pas positivement dit qu'elle ne demanderait plus rien... et il y a des femmes qui demandent sans cesse! on leur donne pas tant à la fois... mais cela revient au même, cela revient même plus cher!

Tout en faisant ces réflexions, M. de Mardeille tourne autour de Frontin, et lui dit enfin :

— Frontin... y a-t-il longtemps que tu n'as rencontré la petite voisine?

Frontin, qui se rappelle la défense de son maître, le regarde d'un air étonné, puis répond :

— Madame Picotée?... Non, je l'ai rencontrée encore ce matin dans la cour...

— Eh! qui te parle de madame Picotée, imbécile!... est-ce que je te dirais la petite voisine?... Je me moque pas mal de cette matrone!... Je te parle de la jeune fille de l'entre-sol... de la charmante Georgette.

En entendant prononcer le nom de la jolie chemisière, Frontin se dit :

— C'est une épreuve; monsieur m'a défendu de parler d'elle... il veut m'éprouver...

Puis, mettant un doigt sur sa bouche, Frontin se tourne vers son maître, en secouant la tête et en riant, comme pour lui dire : « Pas si bête que de répondre! » Et M. de Mardeille, impatienté, secoue le bras de son valet, en s'écriant :

— Répondras-tu, brute?

— Monsieur, vous m'avez défendu de parler de la demoiselle de l'entre-sol.

— Je lève la défense, nigaud!

— Ah! je ne pouvais pas deviner ça!

— Je veux maintenant que tu me parles d'elle... que tu me

dises tout ce qui se passe sur son compte... et tu dois savoir quelque chose, tu es sans cesse chez le concierge...

— Dame, monsieur... c'est toujours la même histoire...! M. Bistelle envoie des billets doux, des bouquets chez mam'zelle Georgette, en la suppliant de le recevoir... mais nisco! on ne le reçoit pas et on refuse ses billets doux...

— Vraiment!... Georgette ne reçoit pas ce monsieur... c'est très-bien, cela... Elle me recevait, moi... et pourtant le voisin, qui est riche, a dû lui faire des propositions brillantes... J'étais donc préféré, moi, elle a donc un penchant pour moi... elle ne me résiste que parce qu'elle a mis dans sa tête... ce maudit calcul... de crainte des résultats!... mais je suis préféré... donc je suis aimé, c'est la même chose. Voilà tout ce que tu sais, Frontin?

— Ah! il y a le monsieur... vieux garçon, M. Renardin, a encore voulu envoyer quelque chose à la petite voisine... Il avait commandé pour elle un superbe biscuit de Savoie; je ne sais comment mam'zelle Arthémise a su cela... enfin elle l'a su! Alors elle s'est placée en faction chez le concierge, elle a arrêté le garçon pâtissier au passage, s'est emparée du biscuit de Savoie, l'a creusé en dessous, puis, le mettant sur sa tête, s'est coiffée avec, si bien qu'elle avait l'air d'un Turc; elle s'est promenée avec son biscuit dans toute la maison, et a servi à son maître comme ça au dîner. Il avait justement du monde...

— C'est bien fait! Ce monsieur qui se flatte de séduire avec des biscuits... quel âne!...

M. de Mardeille va regarder contre la fenêtre en soulevant un rideau. Georgette est toujours à sa place habituelle; elle lui semble encore plus séduisante. Il craint qu'elle ne soit fâchée contre lui; cependant il ne résiste pas au désir d'ouvrir la croisée et de s'y placer, puis il guette un regard de la voisine. Elle ne tarde pas à lever les yeux de son côté; alors, il lui fait un profond salut, auquel on répond par un sourire tout à fait aimable. Il est enchanté, radieux; il passe une heure à la fenêtre, et plusieurs fois Georgette le regarde en souriant.

— Elle n'est pas fâchée... elle me recevra bien... j'ai vu cela dans ses yeux, se dit le voisin. Oui, je puis sans crainte me présenter chez elle... Oui, mais... si je ne m'exécute pas... je n'en serai pas plus avancé.

La journée se passe sans que M. de Mardeille ait pu prendre une résolution. Il a été plusieurs fois à son secrétaire; il a fouillé dans sa caisse, a compté des billets de banque, les a regardés en soupirant; puis les a remis à leur place. L'amour et l'avarice se livrent un combat à outrance dans le cœur de ce monsieur, qui est cruellement froissé dans ses habitudes.

Le lendemain, M. de Mardeille était toujours flottant, hésitant, ne s'arrêtant à rien, lorsque tout à coup Frontin accourt lui dire :

— Monsieur, venez donc regarder à la fenêtre... mam'zelle Georgette est dans la cour en train de pomper... si vous saviez comme elle pompe avec grâce!

— Voyons, voyons cela!...

— Et notre amoureux s'empresse d'aller se mettre à une croisée qui est juste en face de la pompe. Georgette était là, toujours en petit jupon collant sur les hanches, et l'exercice de la pompe développait fort heureusement tous ses avantages. La jeune fille s'en doutait-elle... c'est probable, car elle paraissait prendre du plaisir à ce qui pour bien d'autres n'est qu'une fatigue.

M. de Mardeille, après avoir contemplé quelques minutes le tableau animé qui était devant ses yeux, court vivement à sa caisse, il y prend une liasse de billets de banque, il n'hésite plus cette fois, il les fourre précipitamment dans un portefeuille qu'il met dans sa poche; puis, se hâtant de faire sa toilette, sort de chez lui pour courir chez Georgette, se disant comme César en passant le Rubicon: *Alea jacta est!*

La jeune chemisière avait à peine eu le temps de quitter la pompe et de remonter chez elle se remettre à son ouvrage, lorsqu'elle voit arriver M. de Mardeille ému, empressé, palpitant d'espérance; il court s'asseoir près de Georgette en lui disant:

— Ma chère petite voisine, je viens vous demander pardon...

— Pardon!... mais je ne me rappelle pas, monsieur, que vous m'ayez offensée...

— Oh! si fait... si fait! La dernière fois que je suis venu

ici... je vous ai dit des choses... que je ne devais pas vous dire...

— Alors, monsieur, je les ai oubliées...

— Ah! que c'est bien, cela! que c'est aimable de votre part... Mais loin de vous, charmante Georgette, je ne vivais pas... j'étais trop malheureux...

— En vérité?...

— Cela est si vrai que, pour vous prouver mon amour... je me suis décidé à tous les sacrifices... ce que je n'avais jamais fait pour aucune femme... mais que ne ferait-on pas pour toucher ce délicieux jupon... qui fuit toujours quand je veux l'attraper... Tenez, ravissante fille, acceptez ce portefeuille... il renferme douze mille francs en billets de banque... Mettra-t-il un terme à vos rigueurs?

Georgette rougit : un éclair de joie, un sentiment de triomphe, brillent dans ses yeux; elle prend le portefeuille, le regarde sans l'ouvrir, et balbutie en baissant les yeux :

— Puisque vous avez fait cela, il faudra bien que je vous cède... mais je vous demande encore un jour de répit... Aujourd'hui, je veux m'occuper de ma famille... de mes souvenirs d'enfance... mais demain... oh! demain, vous ne me trouverez plus cruelle !...

— Ah! je n'ai rien à refuser à celle qui me promet le bonheur.. Ainsi, demain.. vous ne serez plus farouche... vous me laisserez toucher ce petit scélérat de jupon qui me met le cœur aux abois!

— Oh! demain, je vous promets que vous le toucherez tant que vous voudrez, et que je ne m'y opposerai plus !...

— Assez! assez, ma divine!... je ne veux pas en entendre davantage... et je vous quitte jusqu'à demain, car, si je restais près de vous, je ne répondrais pas de ma sagesse !... A demain, nous déjeunerons ensemble... et vos fenêtres seront fermées, hein?...

— Elles le seront, vous le verrez.

M. de Mardeille s'éloigne enchanté; puis il se dit :

— Elle m'a remis à demain... J'ai dans l'idée qu'avant de me céder, elle a voulu compter s'il y avait bien dans le portefeuille la somme que je lui ai annoncée... Oh! c'est une fille de précaution, qui ne se laissera pas facilement attraper!... Mais qu'importe? elle verra que je ne l'ai pas trompée, et cette fois je suis certain qu'elle tiendra sa promesse.

Une demi-journée et une soirée sont longues quand on doit le lendemain voir combler tous ses désirs. M. de Mardeille fait ce qu'il peut pour tuer le temps : il va voir ses amis, dîne chez le traiteur, entre dans plusieurs théâtres, rentre fort tard, se couche et finit par s'endormir en rêvant à Georgette.

Ce jour tant désiré luit enfin. Notre séducteur s'éveille assez

tard; il sonne Frontin, qui arrive sur la pointe des pieds.

— Quelle heure est-il, Frontin?

— Bientôt dix heures, monsieur.

— Comment! j'ai dormi tant que ça, et tu ne venais pas me réveiller !

— Réveiller monsieur! il ne me l'avait pas ordonné... et je ne me serais jamais permis cela !...

— N'importe! prépare tout pour ma toilette... Tu vas friser mes cheveux... avec soin... je veux être très-beau ce matin...

— Oh ! monsieur l'est toujours ! . . .

— Pas trop mal, pour un nigaud...

— Je veux dire que quand on est riche on est toujours beau...

— Tu dis une bêtise à présent... Ah! Frontin, va donc regarder dans la salle à manger par les croisées... tu me diras si ma petite voisine Georgette est à sa fenêtre...

Frontin va et revient dire à son maître :

— Monsieur, c'est bien extraordinaire, toutes les fenêtres sont fermées chez mam'zelle Georgette, qui ordinairement les a toujours ouvertes!

— Fermées! s'écrie M. de Mardeille en souriant. Ah! oui... je me rappelle... c'est ce que je lui ai demandé hier... ceci prouve qu'elle m'attend... Maladroit d'avoir dormi si tard!... Voyons, Frontin, dépêche-toi de me coiffer.

Le domestique se hâte d'arranger les cheveux de son maître. Lorsqu'il a fini de le bichonner, ce lui-ci lui dit :

— Maintenant, va au buffet, prends du madère, du bordeaux, du champagne; porte tout cela chez la petite voisine, et dis-lui que je te suis... dans cinq minutes je serai chez elle.

Frontin disparaît; mais il revient avant que son maître ait achevé de s'habiller; il tient deux bouteilles sous ses bras et la

J'en suis fâchée, mais je ne les garderai pas. (Page 48.)

troisième à sa main; il a l'air encore plus bête que d'habitude .

— Comment, imbécile, tu n'as pas encore fait ce que je t'ai dit, tu n'as pas porté tout cela chez Georgette! s'écrie M. de Mardeille.

— Pardonnez-moi, monsieur, j'en viens; mais il n'y avait personne. Voilà pourquoi je reviens avec mes bouteilles...

— Personne!... elle est descendue pour quelque emplette sans doute... Ne pouvais-tu pas attendre un moment sur son carré ?...

— Ah! monsieur... c'était d'abord mon idée; mais j'ai bien fait de ne pas la suivre, car il paraît que j'aurais attendu inutilement.

— Comment... inutilement !... qu'est-ce que tu veux dire?... voyons... explique-toi...

— Monsieur, c'est qu'en revenant j'ai rencontré le concierge; je lui ai dit : « Mam'zelle Georgette est donc déjà sortie...

savez-vous si elle sera longtemps à rentrer ? » Alors il s'est mis à rire et m'a répondu : « Pardi ! si vous l'attendez, vous perdez votre temps... elle est partie depuis hier au soir... »

— Partie depuis hier au soir !... allons donc !... tu ne sais ce que tu dis... tu as mal entendu... Partie !... pour quel endroit ?

— C'est ce que j'ai demandé, monsieur. Il paraît que cette demoiselle est déménagée ; elle a payé hier soir le concierge ; elle a fait venir un tapissier, lui a vendu tous ses meubles... puis elle a pris un fiacre, et elle a filé sans dire où elle allait...

M. de Mardeille devient vert, rouge, blême ; il se laisse aller sur une chaise, en balbutiant :

— Un verre d'eau, Frontin, un verre d'eau ! je crois que je vais me trouver mal...

Le domestique s'empresse de faire un verre d'eau qu'il apporte à son maître, en disant :

— Monsieur était donc bien amoureux de la petite voisine ?

Alors M. de Mardeille lui jette son verre d'eau au visage en s'écriant :

— Taisez-vous, brute !... Je suis volé... voilà ce que je suis... Allez me chercher le concierge, il faut que je lui parle...

— Justement, monsieur, il a quelque chose à vous remettre de la part de mam'zelle Georgette, car il m'a dit : « Votre maître est-il éveillé ?... j'ai un paquet à lui remettre en main propre de la part de cette demoiselle, qui me l'a bien recommandé avant de partir. »

— Et tu ne me disais pas cela, imbécile !... Va, cours... qu'il vienne sur-le-champ !...

— Tenez, monsieur, on sonne... ce doit être lui... Je vais ouvrir.

Le beau monsieur flotte encore entre la crainte et l'espérance ; il se dit :

— Ce paquet... ce sont mes billets de banque qu'elle me renvoie... elle aura réfléchi, elle veut rester sage... Si cela est, il faudra bien que j'en prenne mon parti !

Le concierge fait son entrée chez le locataire du premier, tenant un paquet assez volumineux qui est enveloppé soigneusement dans du papier, et qu'il porte sur ses bras comme s'il tenait les clefs d'une ville ; il le présente à M. de Mardeille, qui le lorgne, l'examine, et se dit déjà :

— Je n'ai jamais donné assez de billets de banque pour que cela fasse un volume aussi gros que ça !

— Monsieur, voilà ce que cette demoiselle de l'entre-sol m'a chargé de vous remettre quand elle est partie.

— Partie... mais pourquoi l'avez-vous laissée partir, cette jeune fille... vous lui avez donc donné congé ?

— Non, monsieur ; mais elle a tout payé et un terme d'avance, je ne pouvais donc pas l'empêcher de s'en aller... d'autant plus qu'elle paraissait très-pressée...

— Et ne lui avez-vous pas demandé où elle allait ?

— Pardonnez-moi ; elle m'a dit qu'elle retournait dans son pays, mais qu'elle reviendrait à Paris dans huit jours...

— Et elle ne vous a pas laissé son adresse ?

— Non, monsieur ; mais elle m'a laissé ce petit bout de lettre pour vous...

— Eh ! donnez donc... c'est par là que vous auriez dû commencer... Laissez-moi maintenant, Frontin, sortez aussi...

Le concierge et le valet de chambre s'éloignent en se disant :

— C'est dommage qu'il n'ait pas ouvert le paquet devant nous...

— Oui, j'aurais été bien curieux de savoir ce que la petite chemisière lui envoyait...

— Vous, qui le portiez, vous n'avez pas senti ce qu'il y avait dans ce papier ?

— Ma foi, non !

— Était-ce dur ?

— Non, c'était mou...

— Alors, c'est probablement un fromage que la chemisière avait reçu de son pays.

Une fois resté seul, M. de Mardeille s'empresse d'ouvrir le paquet ; il contient le petit jupon de noir que Georgette portait habituellement.

— Son jupon !... elle m'envoie son jupon !... s'écrie M. de Mardeille. Quelle amère dérision !...

Puis il décachette la lettre et lit ces mots :

« Je vous ai dit qu'aujourd'hui vous pourriez prendre, tâter, toucher tout à votre aise mon petit jupon noir... Vous voyez que je vous tiens parole ; je vous l'envoie... Vous allez penser beaucoup de mal de moi, n'est-ce pas, monsieur ? Pour me condamner, attendez que vous m'ayez revue, ce qui arrivera le plus tôt que je pourrai. Oui, soyez tranquille, vous aurez de mes nouvelles. »

M. de Mardeille est consterné, la lettre lui échappe des mains.

Je lui apporte aussi un jupon. (Page 43.)

XVIII

UN JEUNE HOMME BLASÉ

C'était quinze jours après les événements que nous venons de raconter.

Dans un fort bel appartement de la rue de la Chaussée-d'Antin, un jeune homme, enveloppé dans une superbe robe de chambre, se promenait nonchalamment d'une pièce à l'autre, tout en fumant une cigarette.

Ce jeune homme était le vicomte de Sommerston. Issu d'une famille irlandaise fort riche, Edward de Sommerston était né en France, et n'avait jamais voulu habiter le pays de ses aïeux. Possesseur, à vingt et un ans, de quatre-vingt mille francs de rente, il s'était sur-le-champ abandonné à cette vie de plaisirs, de désordres, de débauches, qui vieillit les hommes en si peu de temps.

Grand, bien fait, joli garçon et riche, c'est deux fois plus qu'il n'en faut pour tuer en dix années l'homme qui ne sait pas résister à ses passions. Le vicomte avait vingt-neuf ans; il n'était pas encore mort, mais il n'en valait guère mieux; il avait non-seulement usé, mais abusé de tout. La liste de ses maîtresses était immense, d'autant plus que dans le nombre il y en avait beaucoup qu'il n'avait pas connues plus de huit jours, ce monsieur étant essentiellement inconstant et capricieux : la femme qu'il adorait aujourd'hui lui était indifférente demain. Malheureusement pour lui, il n'avait jamais rencontré de cruelles; son titre de roué, de mauvais sujet étant au contraire une recommandation auprès des dames auxquelles il adressait ses hommages.

Maintenant, Edward de Sommerston a mangé la moitié de sa fortune; il lui en resterait encore suffisamment pour être heureux, s'il savait en faire un bon usage; mais il ne sait rien faire, pas même s'amuser; tout le fatigue, l'ennuie... l'*embête*, permettez-moi ce mot qui commence à prendre racine dans notre langue, parce que depuis quelque temps les jeunes gens trouvent trop souvent à l'employer à la première personne du présent.

Edward ne pouvait plus aimer; il s'était abîmé l'estomac à force d'ingurgiter du champagne et du malvoisie; il jouait encore de temps à autre, mais sans plaisir, à moins que la chance ne lui fût très-défavorable; alors, quand il perdait beaucoup, il éprouvait une certaine émotion qui ramenait un peu de vie sur sa figure blême et amaigrie.

Une seule chose continuait d'être la passion de ce monsieur : il fumait. Vous ne le rencontriez jamais sans une cigarette à la bouche, et après celle-là une autre, puis encore une autre, et toujours, chez lui comme dehors, il fallait qu'il fumât; il ne pouvait, disait-il, s'en passer. Il devait cette funeste habitude à la sotte complaisance de ces dames qui lui permettaient de fumer chez elles, qui parfois même fumaient avec lui... Que pensez-vous de ce beau sexe qui fume?

En vain les médecins avaient dit au vicomte.

— Vous avez tort de fumer autant, cela vous fait du mal; vous toussez, vous avez une poitrine faible, vous achevez de vous la dessécher en fumant comme vous le faites; vous deviendrez phthisique.

Mais ces avis, au lieu d'être bien reçus, avaient produit l'effet contraire sur ce jeune homme qui voulait en savoir plus que les docteurs; il s'était dit :

— Ah! on me défend de fumer, eh bien, je fumerai davantage pour leur faire voir le cas que je fais de leurs conseils.

En effet, le nombre de cigarettes fumées dans une journée par Edward Sommerston devint tel, que son valet de chambre avait fini par ne plus avoir d'autre occupation que d'en fabriquer pour son maître.

De temps à autre Edward avait voyagé, espérant trouver sous d'autres climats de nouvelles sensations neuves; il avait parcouru la Suisse, l'Espagne, l'Italie, l'Angleterre; mais malheureusement, dans tous les pays, celui qui peut semer l'or sur sa route ne rencontre aucun obstacle à ses désirs; les femmes sont coquettes, les hommes sont égoïstes, les aubergistes sont intéressés, les domestiques sont flatteurs partout. En Espagne, grâce à la jalousie du terroir, le vicomte avait bien eu quelques duels; mais comme il tirait fort bien l'épée et le pistolet, il avait toujours été vainqueur, ce qui ne lui avait procuré aucun plaisir...

Une seule fois, en parcourant la Suisse, en essayant de gravir des glaciers, il était tombé dans un précipice où il était resté pendant six heures, et n'avait été retiré qu'à l'aide de guides munis de cordages. Edward était sorti de là à moitié gelé, mais fort satisfait, et il avait gardé le souvenir de cette journée comme l'une des plus agréables de ses voyages.

Maintenant le vicomte, qui est de retour d'Italie depuis trois semaines seulement, se promène dans ses appartements, fumant une cigarette qu'il n'achève presque jamais, et suivi de loin par son valet de chambre Lépinette, qui lui en prépare d'autres. Tout à coup le vicomte s'arrête au milieu de son salon en s'écriant :

— Lépinette! quelle heure est-il?

— Bientôt trois heures, monsieur le vicomte.

— Ah! vraiment... Donne-moi une cigarette...

— Voilà, monsieur.

— Je vais achever de m'habiller... Que diable ferai-je aujourd'hui; le sais-tu, Lépinette?

— Il me semble que monsieur avait dit à trois de ses amis, MM. Florville, Dumarsey et Lamberlong, de venir le prendre ici pour aller à cheval au Bois?

— Ah! oui, tu as raison... En effet, ces messieurs doivent venir me prendre... Elle est mal faite, celle-là; donne-m'en une autre.

— Voilà, monsieur.

— Aller se promener au Bo...... toujours la même chose... c'est bien monotone... Lépinette, tu devrais bien me trouver quelque chose qui m'amusât...

— Je ne demanderais pas mieux... mais M. le vicomte est si difficile! Ce qui charmerait les autres lui est indifférent ou lui déplaît.

— C'est vrai, je suis difficile à amuser... c'est une ressemblance que j'ai avec Louis XIV. En revenant à Paris, j'espérais y trouver du nouveau... Celle-ci se fume mal... donne-m'en une autre.

— Voilà, monsieur.

— Mais, non... rien de neuf, de piquant!

— Il y a cependant de bien jolies femmes dans le quartier, monsieur!

— Ah! ah! à ton goût... pas au mien... Mais n'entends-je point des chevaux piétiner dans la cour?

— Oui, ce sont ces messieurs, vos amis, qui viennent sans doute chercher M. le vicomte.

— Ah! bigre... et je ne suis pas habillé... Tant pis, ils attendront... Donne-moi une cigarette.

XIX

LES AMIS DU VICOMTE

Les amis du vicomte entrent dans son salon en costume de cheval et la cravache à la main.

Le premier, un grand jeune homme qui a près de six pieds et qui est si mince, si fluet, que l'on a peur qu'il ne se casse en se baissant, d'autant plus, qu'habillé toujours à la dernière mode, il se serre, se pince dans ses vêtements, qui ne font pas sur lui le plus léger pli, bien des dames envieraient la taille de ce monsieur, qui se nomme Florville, et dont la figure est assez agréable.

Le second est un jeune homme de taille moyenne, dont les cheveux sont parfaitement rouges ainsi que le bord de ses yeux, ce qui ne l'empêche pas de se croire fort joli garçon, et de ne point oser tourner la tête, de crainte de froisser son col ou de déranger le nœud de sa cravate; c'est un habitué du Théâtre-Italien; il ne manque pas une représentation, veut se donner pour un grand connaisseur en musique, et assure qu'il aurait donné l'*ut* de poitrine si l'on avait cultivé sa voix; mais on ne l'a pas cultivée. Ce personnage, si ridicule par ses prétentions et ses manières, est M. Lamberlong.

Le troisième qui se présente chez le vicomte est un jeune homme d'une trentaine d'années, ni beau ni laid, plutôt gras que maigre, figure riante, l'air bon enfant et toutes les allures d'un viveur; celui-ci se nomme Dumarsey.

Florville et Dumarsey ont chacun un énorme cigare à la bouche; le jeune homme aux cheveux rouges ne fume pas; en revanche, il a un petit carré de verre appliqué sur son œil droit, et ne quitte presque jamais ce monocle; ses bons amis prétendent qu'il devrait en mettre aussi un sur l'œil gauche, afin de cacher entièrement ses paupières d'albinos.

— Nous voilà! nous voilà! Edward!... Ah! il n'est pas prêt!

— J'en étais sûr; je l'aurais parié.

— Eh bien, messieurs, qu'est-ce qui vous presse? D'abord il est encore trop tôt pour aller au Bois. Nous avons tout le temps. Je vais achever de m'habiller. Lépinette! donne-moi une cigarette...

— Voilà, monsieur.

— Vous me permettrez bien de finir ma toilette devant vous...

— Va, va, donne-toi le temps!... dit Dumarsey. J'ai un excellent *londrès*, cela me suffit.

— Moi, dit Florville, je ne suis pas très-content de ce prétendu havane...

— Monsieur Lamberlong, si vous désirez un cigare, la boîte est là, sur la console... Moi, je ne fume que des cigarettes; mais j'ai toujours des cigares au service de mes amis.

— Infiniment obligé, cher vicomte; mais je ne tiens pas à fumer... Hier, aux Bouffes, il y avait un monsieur qui sentait le tabac; cela incommodait beaucoup de dames.

— Mais comme il n'y a pas de Bouffes ce soir, vous n'avez rien à craindre...

— Oh! mais ce soir... je vais à un concert... où l'Alboni doit chanter.

— Décidément, vous ne sortez pas de la musique!

— C'est mon élément!

— Tu vois, Edward, dit Dumarsey en riant, que Lamberlong aurait donné l'*ut* de poitrine si on avait cultivé ses dispositions!... Quel malheur d'avoir négligé son *do!*

— Est-ce qu'il n'y aurait pas encore moyen de rattraper cette note-là en prenant un chemin de fer... train express?...

— Messieurs, vous riez!... Il n'est pas moins vrai que dernièrement, aux Bouffes, un monsieur du balcon m'a dit: Votre place était ici!

— Au balcon?

— Non, aux Bouffes, avec soixante mille francs d'appointements!

— Il a donc entendu ton *do* de poitrine, ce monsieur-là?

— Oui... comme je sortais du collège.

— Il faut avouer qu'il y a des mortels bien heureux!... Voilà un monsieur qui a entendu l'*ut* de poitrine de Lamberlong! et nous autres, nous payerions des prix fabuleux!... nous louerions la salle des Bouffes tout entière que nous ne l'entendrions pas!... C'est désolant!...

Le jeune homme aux cheveux rouges se lève avec impatience et va regarder les tableaux qui ornent le salon.

— Que dit-on de neuf dans le monde, messieurs? dit Edward en retouchant le nœud de sa cravate.

— Ma foi, rien de piquant, rien d'intéressant... Depuis quelque temps nous manquons de bonnes intrigues scandaleuses, dont nous connaissions les principaux personnages...

— Quelle est la femme la plus à la mode?... Songez, messieurs que je reviens d'Italie, que je ne suis plus au courant de ce qui se passe à Paris!

— Il y en a cinq ou six très en vogue; mais tu as dû les voir, car tu étais avant-hier à la grande soirée du banquier Saint-Phar...

— Je n'y ai rien vu de merveilleux... Si c'est là tout que vous avez à m'offrir...

— Hier, aux Bouffes, il y avait une blonde ravissante... elle attirait tous les regards...

— Eh bien, tu as dû prendre des informations, Lamberlong?

— Oui... c'est la femme d'un riche Espagnol, qui l'emmène au Brésil.

— S'il l'emmène au Brésil, c'est trop loin pour l'y suivre. Mais vous, vicomte, en Italie, vous avez dû avoir des aventures romanesques? Les femmes y sont très-vindicatives, dit-on?

— Pas plus qu'en France! J'ai bien vu briller quelques petits stylets que l'on portait à la ceinture ou à la jarretière, mais je n'en ai jamais senti la pointe.

— Alors, point de grandes passions?

— Rien, rien... c'est désolant!... L'amour s'en va, mes sieurs!...

— Ce n'est pas ce que dit un jeune homme qui est toujours à l'orchestre, aux Bouffes; il est en train de mourir d'amour pour une actrice; il ne veut pas dire laquelle!

— Oh! mais il faut être un habitué des Bouffes pour faire ces choses-là!... Lépinette! une cigarette!

— Voilà, monsieur!

— Combien en fumes-tu par jour, Edward?

— Je ne sais pas; je n'ai pas compté.

— Je parierais pour deux douzaines!

— Moi, pour trois!...

— Pardieu! vous n'avez qu'à demander à mon valet de chambre, il pourra mieux que personne vous renseigner là dessus.

— Lépinette, combien ton maître fume-t-il par cigarettes par jour... à peu près?

Lépinette réfléchit, puis répond:

— Messieurs, j'en ai quelquefois donné à M. le vicomte jusqu'à soixante... mais jamais ce n'est au-dessous de quarante...

— Ah! ah! en! c'est magnifique!... soixante cigarettes par jour!... Tu mérites un prix, Edward... Nous te ferons faire une couronne en cigarettes!

— Eh! messieurs, que voulez-vous, il faut bien faire quelque chose; et quand on n'a plus d'autres plaisirs...

— Ah! vicomte, vous ne nous ferez pas accroire que vous n'avez pas quelque beauté qui vous occupe!...

— Non, mon cher Florville, en ce moment je n'aime personne... Je suis tellement blasé sur l'amour... C'est fini, mon cœur ne peut plus prendre feu... les regards incendiaires de ces dames me laissent froid et glacé!... Et puis... quand on connaît les femmes, on sait le cas que l'on peut faire de leurs serments...

— Oh! il y a des exceptions! dit Dumarsey. Tiens, Edward, je t'ai connu pour maîtresse une jeune fille bien jolie... Je crois que tu l'avais enlevée... prise... trouvée chez une lingère... Elle venait de la Lorraine... C'était presque une paysanne que tu as un peu déniaisée...

— Ah! oui... je me rappelle; c'est de Suzanne que tu veux parler?

— Suzanne, oui, justement, tu la nommais ainsi. Elle paraissait t'aimer beaucoup, cette jeune fille?

— C'est-à-dire qu'elle m'aimait trop... cela devenait insupportable... elle était trop sentimentale...

— Qu'en as-tu fait de cette Suzanne?

— Ce que j'en ai fait? ma foi, rien; que veux-tu que l'on fasse de ces petites fillettes, une fois qu'elles ont été notre maîtresse et qu'on n'en veut plus; il me semble qu'on n'a pas autre chose à en faire...

— Alors, tu ne sais pas ce qu'elle est devenue?

— Non, vraiment, et je serais bien fâché de le savoir... J'ai eu assez de peine à me débarrasser des importunités de cette petite... Lépinette, donne-moi une cigarette!...

Et le vicomte jette d'un air d'humeur, dans le salon, la cigarette qu'il avait à la bouche et dont à peine il avait fumé quelques bouffées. Depuis qu'on lui a parlé de cette jeune fille nommée Suzanne, son front s'est rembruni et sa physionomie a pris une expression de mauvaise humeur. Mais le jeune Lamberlong ramène le sourire sur les visages en s'écriant:

— Ah! mon Dieu!... je ne me souviens plus de ce qu'on donne demain aux Bouffes... Pouvez-vous me le dire, messieurs?

— Lamberlong! laisse-nous donc un peu tranquilles avec tes

Bouffes... Comprenez-vous, messieurs, qu'on ne manque pas une seule représentation aux Italiens et qu'on ne sache pas un mot de cette langue ?

— Qu'est-ce qui a dit que je ne savais pas un mot d'italien ?... C'est faux... je l'entends très-bien !...

— Tu l'entends, mais tu ne le comprends pas.

— Je l'entends et je le comprends.

— Tu le comprends ? eh bien, alors, réponds-moi à ceci : *Pone nos recede ?*

Le jeune homme aux cheveux rouges se gratte le front, regarde le plafond, puis murmure :

— Je n'ai jamais entendu ces mots-là aux Bouffes.

Alors le dandy éclate de rire et Florville s'écrie :

— Vous n'entendez donc pas que Dumarsey vous parle latin ?

— Latin ! alors comment voulez-vous que je comprenne ! est-ce que je sais le latin, moi ; si donc ! une langue morte ! on ne chante pas en latin aux Bouffes !

— Le cheval de M. le vicomte est sellé ! dit un petit groom en passant son nez à la porte.

— C'est bien... En ce cas partons, messieurs... Ah ! Lépinette, as-tu rempli mes poches de cigarettes ?

— Oui, monsieur, j'en ai mis partout, même dans vos goussets...

— C'est très-bien ! à cheval, messieurs.

XX

LE TROISIÈME JUPON

Deux jours après cette partie de cheval, Edward de Sommerston était dans son fumoir, étendu sur un divan, fumant et s'ennuyant comme à son ordinaire, tout en regardant les bouffées de fumée monter puis se dissiper dans la chambre, jusqu'à ce qu'à force de se dissiper elles formassent un brouillard assez épais pour que l'on ne distinguât plus rien d'un bout à l'autre de l'appartement. Tout à coup une porte est entr'ouverte, Lépinette se montre et, tâchant d'apercevoir son maître au travers des nuages qui remplissent la pièce, il dit à demi-voix :

— Est-ce que M. le vicomte dort ?

— Eh ! non, je ne dors pas... Je le voudrais bien, mais la fumée ne m'endort jamais... Que me veux-tu ?

— Je venais apprendre à monsieur que je viens de faire une trouvaille...

— Une trouvaille... tu as découvert un trésor... tant mieux pour toi, garde-le.

— Oh ! monsieur, ce n'est pas un trésor en argent... c'est quelque chose d'un autre genre, et qui sera bien plus du goût de monsieur !...

Le vicomte se lève à demi en disant :

— Qu'est-ce que c'est donc ?

— Monsieur, c'est une femme... ou plutôt une jeune fille ravissante !...

Le vicomte se laisse retomber sur son divan en murmurant :

— Et c'est pour cela que tu viens me déranger... c'est cela que tu appelles un trésor !...

— J'avais pensé que monsieur ne serait pas fâché d'apprendre qu'il y a dans la maison une personne qui vaut vraiment la peine qu'on y fasse attention.

— Ah ! cette beauté demeure dans l'hôtel ?

— Oui, monsieur. Le concierge, qui est ici comme le représentant du propriétaire, a dans les chambres en haut quelques pièce qu'il meuble gentiment et loue pour son compte...

— Oui... ses petits profits, je comprends. Ensuite ?

— Ensuite, c'est une de ces chambres qui a été louée à mademoiselle Georgette, personne extrêmement sage, à ce qu'il paraît, qui sort rarement et ne reçoit jamais personne.

— Ah ! très-bien !... Alors c'est d'une rosière qu'il s'agit, le concierge te l'a affirmé ?

— Non, monsieur, le concierge ne m'a pas positivement dit cela ; je vous répète tout simplement ce que j'ai entendu.

— Et que fait-elle, cette pudique créature ?

— Monsieur, elle fait de petits ouvrages en tapisserie, des choses charmantes... comme des dessous de chandelier, des petits tapis pour mettre sous les pieds, des porte-cigares... Oh ! des porte-cigares admirables !

— Comment le sais-tu ? est-ce que tu as déjà acheté quelque chose à cette jeune fille ?

— Non, monsieur ; mais le concierge m'en a montré un dont sa nouvelle locataire lui a fait présent ; c'est extrêmement joli.

— Il fume donc, le concierge ?

— Oh ! comme un Suisse, monsieur.

— Ces drôles-là se permettent tout !... Eh bien, qu'est-ce que tout cela me fait, à moi ?

— Je croyais que monsieur aurait été curieux de voir la petite d'en haut...

— Quelque figure commune, j'en suis sûr, de ces petits airs apprêtés... la grisette qui veut se faire suivre... je connais ça !

— Oh ! non, celle-ci n'a pas une figure commune !... Je ne dirai pas à monsieur que c'est précisément une beauté... je mentirais ; c'est tout l'ensemble qui plaît... et surtout une taille si bien prise... des appas magnifiques... une jambe bien faite et un pied si mignon...

— Ah ! vraiment, elle a tout cela... tu l'as donc bien examinée ?

— Monsieur, tout à l'heure, j'étais sur le carré comme elle montait l'escalier, en camisole et en petit jupon, mais tout cela d'une entière blancheur... et le jupon est brodé par le bas... oh ! elle n'a pas l'air d'être malheureuse !... et puis elle chantait entre ses dents tout en montant les marches. D'abord je me suis rangé pour la laisser passer ; alors elle m'a fait un salut fort gracieux ; puis, comme elle allait continuer de monter, je lui ai dit : « Est-ce que nous aurions le bonheur de vous avoir pour voisine, mademoiselle ?... »

— Ce diable de Lépinette, il ne perd pas de temps, il fait tout de suite connaissance.

— Quand on a l'honneur d'être au service de M. le vicomte, on doit savoir comment s'y prendre près du beau sexe...

— Pas mal... Continue.

— Cette jeune personne s'est arrêtée et m'a répondu d'un air fort aimable : « Oui, monsieur, je demeure dans la maison ; » puis elle m'a resalué et a continué de monter l'escalier.

— Est-ce là tout ?

— Non, monsieur : comme cette rencontre m'avait été très-agréable, je suis allé de nouveau plusieurs fois sur le carré. Bien m'en a pris ! Tout à l'heure cette demoiselle descendait très-lestement l'escalier...

— Pour une demoiselle qui ne sort jamais, il me semble qu'elle est bien souvent dans l'escalier !

— Monsieur, elle avait oublié d'acheter du café ; il paraît que c'est sa passion le café, elle ne peut pas s'en passer !

— Elle t'a dit cela ?

— Oui, monsieur, mais sans s'arrêter et en descendant très-vite... Je ne tardera sans doute pas à remonter ; si monsieur voulait, j'irais guetter sur le palier, et dès que j'apercevrais en bas mademoiselle Georgette, je viendrais l'avertir.

— Allons donc ! que je me dérange pour voir cette grisette ! Tu es fou, Lépinette !

— J'aurais seulement voulu que monsieur la vît en camisole... en jupon court ; cela lui va si bien !

— Pardieu ! pour que je voie cette petite fille sans me déranger, il y a un moyen bien simple... Elle fait des porte-cigares en tapisserie, m'as-tu dit ? Je vais lui en commander un. Va guetter son retour, et, quand tu la verras, prie-la d'entrer un moment chez moi... Tu peux lui dire pourquoi.

— Il suffit, monsieur, je vais me mettre en faction pour faire votre commission...

— Après tout, si tu ne la vois point passer, tu monteras chez elle; il n'y a pas besoin de faire tant de façons avec une petite ouvrière...

— Oui, monsieur, si elle est déjà rentrée, je monterai faire votre commission.

Lépinette s'éloigne, et Edward Sommerston se plonge de nouveau dans les délices de la cigarette; mais cinq minutes ne sont pas écoulées lorsque le valet de chambre vient dire à son maître :

— Monsieur... la jeune personne est là...

— Qui ça?

— La petite d'en haut qui fait des porte-cigares...

— Ah! je l'avais déjà oubliée ta demoiselle... Eh bien, fais-la entrer...

— Ici, monsieur!

— Sans doute; ne crois-tu pas que je vais me gêner et aller dans le salon pour recevoir cette grisette!

— Je vais l'introduire, alors...

Le domestique sort et revient bientôt annoncer : « Mademoiselle Georgette! » et la Georgette que nous connaissons déjà, puisque nous l'avons vue rue de Seine et boulevard Beaumarchais, entre dans le fumoir avec son petit costume du matin; mais cette fois il y a dans ce simple négligé quelque chose qui annonce plus de recherche, plus de coquetterie : ainsi la camisole est garnie d'une petite dentelle; le jupon blanc est brodé par le bas; enfin, la coiffure en cheveux est tout à fait à la mode; on s'aperçoit que l'on est maintenant à la Chaussée-d'Antin.

Georgette fait trois pas en avant, puis deux en arrière en s'écriant :

— Ah! mon Dieu! que cela sent mauvais ici!

Alors le vicomte se retourne sur son divan en disant :

— Vous n'aimez donc pas l'odeur du tabac, petite?

— Tiens! il y a quelqu'un là... mais on n'y voit pas, on est dans les nuages... Oh! tant pis, je ne reste pas ici! je n'ai pas envie que l'on croie que j'ai été au corps de garde!

Et Georgette, sortant vivement du fumoir, suit un couloir, puis ouvre la première porte qu'elle aperçoit et se trouve dans un charmant salon où elle s'arrête bien vite.

— A la bonne heure, au moins on voit clair ici et cela n'empoisonne pas le tabac!

Cependant le jeune homme, étonné de la brusque sortie de cette demoiselle, se lève en riant et se dit :

— Elle est fort drôle cette petite... mais au fait, ici, je n'aurais pas pu la suivre... Par où diable est-elle passée?... Voyons... cherchons... jouons à cache-cache... ça me rappellera mon adolescence!...

Après être entré dans une pièce, puis dans une autre, le jeune dandy arrive enfin dans celle où mademoiselle Georgette s'est réfugiée; il l'aperçoit assise dans un fauteuil et feuilletant un album qui est sur un meuble près d'elle. Le sans-façon de cette jeune fille, l'aisance qu'elle montre dans ce beau salon, tout cela surprend Edward, qui la considère quelques instants, puis lui dit :

— Il paraît que cela vous amuse de regarder les caricatures!

Georgette se lève et salue avec grâce le vicomte, en répondant :

— J'attendais que vous vinssiez, monsieur, et je n'ai pas cru faire mal en parcourant cet album.

— Non! oh! vous n'avez fait aucun mal, si ce n'est de vous sauver de mon fumoir, comme si vous étiez entrée dans la tanière d'un ours...

— Ma foi, monsieur, je ne sais point si je ne préférerais pas la tanière d'un ours à une pièce dans laquelle la fumée vous empêche de voir, vous picote les yeux et vous fait mal à la tête... sans compter l'odeur insupportable qu'il faut respirer!...

Pendant que Georgette parle, Edward l'examine du haut en bas, et cet examen est tout à l'avantage de la jeune fille, car il murmure de temps à autre :

— Très-bien, ma foi!... très-piquante!... Ce diable de Lépinette ne m'avait pas trompé...

Puis le vicomte se met à marcher autour de la demoiselle, qui est debout au milieu du salon, et il sourit en contemplant le petit jupon blanc qui dessine parfaitement les hanches de la grisette, si bien que celle-ci, impatientée de cette inspection, s'écrie enfin :

— Est-ce que vous n'aurez pas bientôt fini de me regarder, monsieur?

— Mais vous êtes très-bonne à voir.

— Est-ce pour cela que vous m'avez fait venir?

— Eh bien! quand cela serait... Mon valet de chambre m'avait vanté votre figure, votre tournure; j'ai voulu voir s'il avait dit vrai...

— Si j'avais su cela, certainement je ne serais pas entrée chez vous... Adieu, monsieur...

— Eh! un moment donc!... comme vous êtes pressée, mademoiselle Georgette, — car c'est, je crois, Georgette que vous vous nommez?

— Oui, monsieur.

— De quel pays êtes-vous?

— De Bordeaux, monsieur.

— Du Midi, je l'aurais parié.

— Pourquoi cela?

— Parce que vous me paraissez avoir une petite tête très-facile à prendre feu :

— Oh! j'ai une très-bonne tête.

— Vous habitez seule, là-haut?

— Oui, monsieur.

— Et combien avez-vous d'amants, mademoiselle Georgette?

La jeune fille toise le vicomte d'un air assez impertinent, puis lui répond :

— Je n'en ai pas, monsieur.

— Comment! pas un seul, un tout petit?

— Non, monsieur.

— Cela est bien étonnant.

— Que trouvez-vous donc d'étonnant à cela, monsieur? Vous croyez donc qu'une jeune fille ne peut rester sage et vivre sans amant?

— A Paris, cela me semble au moins très-difficile.

— Pas plus difficile à Paris qu'ailleurs; une femme ne fait toujours que ce qu'elle veut.

— Oh! pas toujours!... Il y a le désir de plaire, la coquetterie, qui est innée chez la femme. On veut avoir de jolies toilettes, et on ne les peut pas avoir avec ce que l'on gagne... on veut porter des robes de soie, des cachemires! Vous êtes charmante dans ce déshabillé, mais enfin vous n'iriez pas ainsi chez Mabille.

— Oh! je ne tiens pas à aller chez Mabille.

— Vous ne dites pas ce que vous pensez.

— Si, monsieur.

— Point d'amant, quel phénomène! car avec cette taille, ce pied mignon, vous devez avoir fait de nombreuses conquêtes?

— Mais, oui.

— Et vous n'avez écouté personne?

— Personne...

— Alors vous avez un amant dans votre pays, quelque passion secrète qui remplit votre cœur?

— Non, monsieur, je n'ai point de passion secrète.

— En ce cas, je le répète, vous êtes un phénomène, et je suis très-fier d'avoir pour voisine une rareté... Vous avez donc peur d'aimer, peur de l'amour?...

— Moi! je n'ai peur de rien!

— Ah! ah! elle est fort amusante!

— Vous me trouvez amusante, monsieur? Comme c'est heureux pour moi!

— Je vous trouve piquante, agaçante, ravissante!

Et le jeune homme veut prendre Georgette dans ses bras;

mais celle-ci se dégage bien vite et repousse le vicomte, en lui disant d'un ton fort décidé:

— Monsieur, ces manières-là ne me plaisent point et ne réussiront jamais avec moi, je vous en préviens.

— Pardon, mademoiselle, pardon, j'oubliais que j'avais affaire à Lucrèce...

— C'est là tout ce que vous avez à me dire, monsieur?

— Mais... si fait; je voulais vous commander un porte-cigare en tapisserie; mon domestique m'a dit que vous en faisiez de charmants.

— J'y mets tous mes soins, du moins... Alors, il vous en faut un?

— Si vous le voulez bien.

— Quelle couleur désirez-vous?

— Oh! je m'en rapporte entièrement à vous pour tout cela.

— Il suffit, monsieur... je les fais payer quinze francs.

— Tout ce que vous voudrez! Le prix m'importe peu...

— En ce cas, monsieur, dans trois jours vous aurez votre porte-cigares.

— Fort bien. Serez-vous assez aimable pour me l'apporter vous-même?

— Assurément, monsieur...

— Soyez tranquille, je ne vous recevrai pas dans mon fumoir.

— Oh! tant mieux! car, en vérité, cette odeur de tabac me fait mal à la tête... J'ai l'honneur de vous saluer, monsieur.

Georgette fait au vicomte une petite révérence bien séduisante, et celui-ci la regarde s'éloigner en se disant:

— Oh! pardieu! il faudra bien qu'elle soit à moi, cette brunette, car elle est vraiment originale!

<hr>

XXI

UNE TENTATIVE

Edward de Sommerston n'ajoutait pas foi à ce que Georgette lui avait dit au sujet des amoureux; le vicomte ne croyait point à la vertu d'une jeune fille qui demeurait seule et travaillait pour vivre; il se disait:

— Cette petite veut se faire passer pour une vertu, afin que l'on se montre plus généreux avec elle; c'est une rouerie dont je ne suis pas dupe; mais elle cédera comme les autres... car elle est femme et doit toujours aimer la parure; c'est par là qu'on les prend.

Pendant les trois jours qui s'écoulent avant qu'on lui apporte ce qu'il a commandé, le jeune homme demande plusieurs fois à son domestique s'il a rencontré sur l'escalier la demoiselle qui demeure tout en haut; mais Lépinette n'a pas revu Georgette, ce qui paraît beaucoup le contrarier; le valet se flattait peut-être, à part lui, de faire la conquête de la jeune fille plus facilement que son maître.

Le jour que Georgette a désigné, Edward, dans un élégant négligé du matin, attend la jeune fille dans un joli petit salon qui pourrait passer au besoin pour un boudoir; il fume des cigares, mais il s'en fait donner d'un tabac très-doux, et qui est même légèrement parfumé.

Sur le midi, Lépinette annonce à son maître: « Mademoiselle Georgette! » et la jeune ouvrière se présente toujours dans son petit costume du matin. Elle salue le vicomte en lui disant:

— Pardonnez-moi, monsieur, de me présenter chez vous dans ce négligé... mais je n'ai pas trop de temps pour travailler, et je ne fais jamais de toilette pour rester chez moi...

— La friponne sait bien qu'elle est plus séduisante ainsi! se dit Edward, et voilà pourquoi elle vient en petit jupon court.

Si elle n'était pas aussi bien faite, elle viendrait avec un grand renfort de robes!... Nous connaissons tout cela. Mademoiselle Georgette veut me faire admirer ses avantages; donc elle désire me plaire.

Et le jeune homme, sans se déranger de dessus sa causeuse, indique un siége à Georgette en lui disant:

— Asseyez-vous donc, je vous en prie... Vous êtes très-bien ainsi... d'ailleurs on ne s'habille pas pour descendre chez un voisin... Cela ne vous contrarie pas que je continue de fumer?...

— Oh! monsieur, je ne suis pas ici pour vous gêner...

— Du reste, c'est du tabac très-doux... dont l'odeur n'est pas désagréable, même aux personnes qui n'aiment point le tabac...

— C'est vrai... cela sent comme le patchouli...

— Vous avez eu la complaisance de penser à mon porte-cigares?

— Le voici, monsieur.

Et Georgette présente au vicomte un charmant petit porte-cigares tout doublé en soie.

— Oh! mais, c'est délicieux! c'est admirable, cela! s'écrie Edward.

— Il vous plaît, tant mieux!

— Je serais bien difficile s'il ne me plaisait pas... Ces petits carreaux ont des couleurs parfaitement nuancées... Vous avez autant de goût que de talent... Et vous ne mettez que trois jours pour faire cela?

— C'est bien assez.

— Cela devrait valoir cinquante francs au moins!

— Non, ce serait trop cher; je me contente de ce que cela me rapporte.

— Mais alors, c'est à peine si vous gagnez cinq francs par jour, car il y a vos frais de laine et de soie.

— Oh! si je gagnais cinq francs par jour, ce serait trop beau... je serais trop riche!...

— Vous n'êtes donc pas ambitieuse... vous ne désirez pas changer de position?...

— Hum!... c'est selon... Changer pour un peu, cela n'en vaudrait pas la peine... Quelquefois, j'ai fait des rêves... oh! mais alors je me voyais dans un superbe appartement; j'avais des diamants, des cachemires... une voiture, des laquais pour me servir! c'était magnifique!

— Je comprends l'apologue! se dit Edward. Nous voudrions nous faire donner tout cela! Elle est donc bien intéressée, cette petite?...

Tout en faisant cette réflexion, le jeune homme a quitté sa causeuse; il est allé se placer devant la chaise occupée par Georgette; et là, se posant le torse en arrière, une main sur sa hanche, il la regarde et lui rit au nez, en s'écriant:

— Dites donc! mais savez-vous que vous n'êtes pas trop bête, vous?

Georgette supporte ce regard et cette apostrophe sans manifester la moindre émotion; elle se contente de se lever, en disant:

— Je suis bien heureuse, monsieur, que vous ayez de moi cette opinion.

— Eh bien! restez donc assise; est-ce que vous voulez déjà vous sauver?

— Oui, monsieur; car je ne passe pas mon temps à ne rien faire, moi... je n'en ai pas les moyens...

— Un moment... causons un peu. D'abord, vous ne pouvez pas vous en aller sans que je vous aie payée...

— Oh! je ne suis pas inquiète! Je vous ferai bien crédit.

— Vous auriez peut-être tort... De grâce, accordez-moi quelques instants... j'ai beaucoup de plaisir à causer avec vous.

Edward prend la main de Georgette, qui consent à se rasseoir, puis il se place tout près d'elle et lui dit:

— Vous ne savez pas une chose?...

— Quoi donc, monsieur?

— Eh bien! je suis amoureux de vous!

— Ah ! ah ! ah ! la bonne folie !

— C'est peut-être une folie ! Mais que ce soit ce que cela voudra, ça m'est égal ! Oui, je suis amoureux de vous... Cela me surprend un peu ; car depuis quelque temps je ne pouvais plus parvenir à être amoureux... il faut qu'il y ait en vous un petit... je ne sais quoi... de plus piquant que chez les autres femmes... Tenez, je crois, Dieu me pardonne, que c'est votre petit jupon qui a fait ma conquête !

— Si c'est cela, monsieur, je vais remonter chez moi, d'où je vous enverrai bien vite cette jupe, afin que vous n'ayez plus de vœux à former...

— Hum !... méchante !... non, cela ne me suffirait pas ! Je veux le jupon et tout ce qu'il contient... Quelle jolie petite main !...

— Ah ! monsieur, je vous en prie, ne me touchez pas !... Je vous ai déjà dit que je n'aimais pas ces manières...

— C'est vrai ; j'oublie toujours que vous êtes une vestale !... je suis si peu habitué à en rencontrer...

— Oh ! vous avez si mauvaise opinion des femmes !... Vous avez dû en rencontrer de sages... vous les aurez séduites, puis abandonnées, comme les autres !

— C'est possible ! je ne m'en souviens pas... Avec moi le passé a toujours tort.

— Oh ! j'en suis persuadée ! C'est pour cela qu'il faut prendre ses précautions pour l'avenir.

— Elle est fort drôle ! Sais-tu que tu es fort drôle ?...

— Monsieur, je vous défends de me tutoyer... Il me semble que rien ne vous y autorise.

— Parce que tu n'es pas encore ma maîtresse ?... c'est vrai... mais avant peu tu le seras... ça revient au même...

— Non, monsieur, je ne serai pas votre maîtresse... Encore une fois, ne me parlez pas ainsi... ou je m'en vais, et je ne reviens plus.

— Allons, calmez-vous, mademoiselle Georgette... on vous traitera respectueusement... Voyons, mignonne, vous voulez bien de moi pour votre amant, n'est-ce pas ?

— Non, monsieur.

— Comment... Je vous déplais donc bien ?

— Oh ! non ; ce n'est pas cela.

— Oh ! du moment que ce n'est pas cela, alors cela ira tout seul...

— Non, je ne veux pas vous écouter, parce que je sais que vous êtes trop volage... que vous ne gardez pas une maîtresse plus d'un mois... tout au plus, et je ne veux pas m'exposer à être quittée ainsi.

— On vous a fait des contes... Je ne dirai pas que j'aime éternellement... Pardieu, ma belle, si nous ne quittions pas les femmes, ce sont elles qui nous quitteraient. Il faut bien que quelqu'un commence... et j'aime autant que ce soit moi.

— Vous avez une manière d'arranger les choses qui ne me fera pas changer d'opinion sur votre compte... Vous êtes trop couru, trop recherché dans le grand monde pour vous attacher à une grisette !...

— Il y a quelque chose de vrai dans ce qu'elle dit là ! Vous raisonnez bien, ma charmante ; mais je vous dirai que j'ai maintenant des grandes dames par-dessus la tête, et que je me moque entièrement de ce qu'on pourra dire et penser de moi.

— Je ne vous crois pas... Adieu, monsieur ; il faut que je rentre chez moi.

— Oh ! je ne vous laisse pas partir sans avoir une réponse de vous...

— Plus tard... nous verrons...

— Alors vous reviendrez me voir... D'ailleurs, il me faut encore deux porte-cigares... j'en veux donner à mes amis... En attendant, laissez-moi vous payer celui-ci...

Et le jeune homme, tirant de sa poche une bourse pleine d'or, la jette sur les genoux de Georgette, celle-ci examine quelques instants la bourse, puis la soupèse dans sa main et murmure :

— Qu'est-ce que c'est que cela ?

— C'est ce que je vous dois...

La jolie brune ouvre la bourse, s'amuse à compter ce qu'il y a dedans, puis répond :

— Près de cinq cents francs !... En vérité, ce serait cher pour un porte-cigares...

— Puisque vous m'en ferez deux autres... cela payera le tout.

— Oh ! non, monsieur ; je ne puis pas accepter cela ; je prends ce qui m'est dû, et je n'en veux pas davantage.

En disant cela, Georgette prend quinze francs en or dans la bourse qu'elle pose ensuite sur un meuble, puis elle se sauve en s'écriant :

— Adieu, monsieur le vicomte ; je reviendrai quand vos porte-cigares seront faits.

Edward est demeuré si surpris de l'action de la jeune fille, qu'il n'a pas même songé à la retenir.

XXII

TERTIÆ SOLVET

Comme on le pense bien, le refus de Georgette d'accepter la bourse pleine d'or n'avait nullement diminué le caprice que le riche jeune homme éprouvait pour la fillette ; bien au contraire, cela ne pouvait que lui donner plus de force, et elle le savait fort bien, celle qui avait agi ainsi. Les désirs qui sont vite satisfaits ne durent guère ; il faut à nos passions des obstacles pour qu'elles grandissent et ne nous laissent plus de repos. Un bonheur qui va tout seul !... fi donc ! on n'en veut pas ! c'est un mets qui n'est pas assaisonné.

Mais, grâce à ce nouveau caprice devenu tyrannique, le vicomte ne s'ennuyait plus et fumait un peu moins de cigarettes ; ce qui prouve que l'amour est toujours bon à quelque chose. Ses amis s'apercevaient de ce changement.

— Mon cher, vous avez quelque sentiment nouveau en tête, lui dit Florville ; j'en ferais le pari !

— Eh ! mais, cela saute aux yeux, dit Dumarsey. Nous avons une nouvelle intrigue qui chauffe !

— Ma foi, messieurs, vous l'avez deviné ! répond Edward. Oui, j'ai un caprice violent... Diable m'emporte... je crois que je suis amoureux !...

— Vraiment ! alors, elle est fort jolie ?

— Elle est mieux que jolie ; elle est piquante... ravissante !...

— Vous l'avez vue aux Bouffes ? demande le mignard Lamberlong.

— Aux Bouffes ! Oh ! je puis vous assurer qu'elle n'y va jamais !

Le monsieur aux cheveux roux fait la grimace, en murmurant :

— Une femme qui ne va jamais aux Bouffes... qu'est-ce que ça peut être... mon Dieu !

— Dis donc, Edward, de quel genre de femmes est ta nouvelle passion ?

— De quel genre ?... Oh ! tout ce qu'il y a de plus modeste ; mais j'adapte aux femmes le vers de Boileau :

Tous les genres sont bons, hors le genre ennuyeux !

— Et quand nous la feras-tu voir, ta belle ?

— Oh ! messieurs, je vous la ferai voir quand je serai son heureux vainqueur !

— Ce n'est donc pas une chose terminée ?

— Non, et je me garderai bien de vous la faire connaître maintenant, car je vous connais, vous chercheriez à me la souffler !...

— Il est certain qu'entre amis ça se fait...

— Et comptez-vous soupirer longtemps, dit le grand Florville, vicomte, qui ordinairement menez l'amour en chemin de fer... grande vitesse !

— Oh ! cette fois, j'ai affaire à un petit lutin qui n'est pas facile à réduire.

— Voyons, Edward, quand nous montres-tu ta belle? ce qui signifiera que tu as triomphé!... Je te donne trois jours; est-ce assez?

— Hum!... je ne sais trop...

— Tenez, messieurs, faisons bien les choses : donnons-lui huit jours!... Mais si dans huit jours il ne nous fait pas dîner avec sa nouvelle conquête, nous le déclarons tombé dans les ganaches... Est-ce dit, Edward?

— Oui, messieurs, dans huit jours. Oh! j'accepte cette proposition.

— Si tu amènes ta dame, c'est nous qui payons le dîner, c'est trop juste; dans le cas contraire, c'est toi qui nous festoies.

— C'est convenu... dans huit jours... Oh! j'espère bien être en mesure avant cela.

Cette convention avait eu lieu deux jours après la conversation à la suite de laquelle Georgette avait refusé la bourse contenant les cinq cents francs.

Dès que ses amis sont partis, le vicomte se dit:

— Il faut agir, maintenant... Cette petite a refusé de l'or... mais de l'or, ça ne flatte pas les yeux comme des parures... Elle a eu un beau mouvement de fierté! Mais cette fois je vais lui envoyer des choses auxquelles elle ne résistera pas...

Le jeune homme monte dans sa voiture; il se fait conduire dans les magasins les plus en vogue; il achète un beau châle, des étoffes de soie et de velours, et jusqu'à un joli petit chapeau qu'il juge convenir au minois qu'il veut séduire. Il revient chez lui avec ses emplettes et dit à Lépinette:

— Porte tout cela chez la jeune fille d'en haut, mademoiselle Georgette. Tu lui feras mes compliments... et... et tu lui diras que je voudrais bien avoir les porte-cigares que je lui ai demandés... que je l'attends demain dans la matinée... même s'il n'y en a qu'un de fait.

Lépinette prend avec délicatesse les riches présents, il va faire la commission dont le charge son maître, et celui-ci sort pour aller à des courses de chevaux.

En revenant chez lui le soir, le premier soin du vicomte est de demander à son valet de chambre comment ses présents ont été reçus. Lépinette prend un air grave, en répondant:

— Monsieur, j'ai vu aujourd'hui ce que je n'avais encore jamais vu!...

— Qu'as-tu donc vu?... Tu me fais l'effet d'une sibylle!

— Eh bien, monsieur, j'ai vu une jeune fille, une simple ouvrière, qui loge dans les mansardes, refuser un cachemire, du velours, de la soie, des parures ravissantes, enfin!...

— Comment! tu as vu cela?... Est-ce que Georgette?...

— Oui, monsieur, mademoiselle Georgette a refusé vos présents!

— Pas possible!

— C'est comme cela, monsieur...

— Tu t'y es donc mal pris?

— Non pas; d'ailleurs monsieur sait bien que j'ai l'habitude de ces sortes de commissions; j'ai étalé les étoffes... le châle sur un meuble devant les yeux de cette étonnante jeune fille, qui d'abord me laissait faire et me regardait sans rien dire; puis enfin s'est écriée : « Que faut-il donc faire de tout cela, monsieur? — Mademoiselle, lui ai-je répondu, vous en ferez ce qui vous fera plaisir... Mon maître vous prie d'accepter tout ceci et vous présente ses hommages, en vous recommandant de lui apporter demain les porte-cigares... même s'ils ne sont pas faits! »

— Voilà qui est très-spirituel. Va toujours.

— Alors mademoiselle Georgette s'est levée, et, s'approchant des cadeaux, m'a dit : « Tout cela est fort joli, fort élégant, mais je n'en veux pas. Vous remercierez beaucoup M. le vicomte de ma part; vous lui direz que demain je lui porterai ce qu'il m'a commandé, et vous allez remporter tous ces beaux objets. — Mais, mademoiselle, me suis-je écrié, je ne puis pas remporter tout cela; mon maître m'a ordonné de vous le laisser. — Parce que votre maître a cru que cela me rendrait très-heureuse de recevoir de si belles choses; mais, comme il s'est trompé, vous allez reprendre vos cadeaux. — Mademoiselle, ai-je ajouté d'une voix suppliante, vous ferez de ces étoffes, de ces parures, tout ce que vous voudrez; mais de grâce gardez-les, sans quoi mon maître me grondera. — J'en suis fâchée, mais je ne les garderai pas. » En disant cela, cette demoiselle, qui me fait l'effet d'être extrêmement entêtée, m'a tout remis sur les bras : le châle, les étoffes, le carton dans lequel était le

chapeau, et me poussant tout doucement vers la porte, l'a refermée sur moi... Voilà ce qui s'est passé.

— De façon que tu as rapporté mes présents?

— Il l'a bien fallu, monsieur.

— Non, il ne fallait pas; tu es un sot! Il fallait rejeter tout cela dans sa chambre et te sauver.

— Je parie qu'elle aurait tout rejeté sur le carré!

— Eh bien, le grand malheur!... nous aurions bien vu! Enfin, elle t'a dit qu'elle viendrait demain?

— Oui, monsieur.

— C'est bon.

Edward ne revient pas de la conduite tenue par la jeune fille; il se promène avec agitation dans ses appartements; par moments il est tenté de monter lui-même à la chambre de Georgette; mais elle pourrait ne point vouloir lui ouvrir, et il ne veut pas se donner en spectacle dans l'hôtel; il se couche, en se disant:

— Elle viendra demain... je la verrai... je saurai pourquoi elle a refusé mes présents... car enfin je ne lui demandais encore rien en échange... il est vrai que cela se devine... Oh! mademoiselle Georgette! vous ne me résisterez pas toujours!... Je crois que j'en deviens véritablement épris! D'ailleurs, maintenant, mon honneur est engagé dans cette affaire... Il ne faut pas que ce soit moi qui paye le dîner à mes amis.

Toute la nuit le vicomte est poursuivi par l'image de cette jeune fille qui a refusé ses brillants cadeaux. Il se lève de bonne heure, veut fumer et jette en l'air plusieurs cigarettes à peine commencées. Il a fait porter dans son petit salon les objets qu'il avait envoyés chez Georgette; il regarde les étoffes étalées sur une causeuse et se dit :

— Elle n'aimait peut-être pas ces couleurs-là... pourtant le châle est charmant... Non, ce ne peut-être là son motif... Est-ce que vraiment elle veut rester sage?... Cependant, ce rêve qu'elle a fait... dans lequel elle se voyait très-riche... Cette petite a une idée dans la tête... mais il faudra bien qu'elle me la dise...

Enfin, vers midi, mademoiselle Georgette arrive; Lépinette se hâte de l'introduire dans le petit salon où le vicomte l'attendait avec impatience. Elle le salue en lui faisant un sourire charmant; lui, au contraire, fait presque la moue, et lui montre un siège en lui disant :

— Asseyez-vous donc, mademoiselle...

— Monsieur, vos porte-cigares sont finis, les voici...

— Très-bien... Oh! ce n'est pas cela qui m'occupe...

— Votre valet de chambre m'avait dit que vous les désiriez, cependant...

— Mon valet de chambre est un âne!... Au reste, vous savez très-bien que les porte-cigares ne sont ici qu'un prétexte pour vous voir... A quoi bon feindre quand on peut parler franchement?...

— Mais non, monsieur, je ne savais pas...

Edward montre les objets étalés sur la causeuse, et dit à Georgette assez brusquement :

— Pourquoi avez-vous refusé tout cela?

— Pourquoi me l'avez-vous envoyé? répond celle-ci sur le même ton.

Le jeune homme ne trouve plus de réponse; il se met à rire et s'écrie enfin :

— Décidément, avec vous on n'aura jamais le dernier! Voyons, charmante petite... jouons cartes sur table; le voulez-vous?

— Je ne sais pas jouer aux cartes.

— Oh! vous comprenez très-bien ce que j'entends par là... Enfin, je vais m'expliquer catégoriquement: je vous adore...

— Vous me l'avez déjà dit.

— En amour on peut se répéter, c'est même ce qui en fait le charme. Nous disons donc que je vous adore...

— Et moi, que je ne vous crois pas...

— Je vous forcerai bien à me croire. Vous ne pensez point passer toute votre jeunesse sans connaître l'amour?

— Je ne sais pas, monsieur; mais j'ai toujours entendu dire qu'il ne fallait jurer de rien...

— Ceci est parler raisonnablement. Eh bien, laissez-moi être cet heureux mortel qui vous fera connaître l'amour... Je suis à même de vous rendre heureuse... de vous faire un sort digne d'envie...

— On dit toujours cela aux pauvres filles que l'on veut séduire... mais ensuite...

— Moi, je tiens ce que je promets. D'abord, je vous mettrai dans un joli appartement que je meublerai avec goût... Vous aurez des parures... des bijoux... Je vous conduirai aux spectacles, aux promenades; vous aurez une voiture à vos ordres... je payerai vos fournisseurs... et de plus vous aurez mille francs par mois à dépenser... voyons, est-ce que ce n'est pas gentil, cela?

— Si fait... c'est fort gentil... mais combien cela durera-t-il de temps?...

— Tant que vous m'aimerez...

— Vous voulez dire : tant que vous m'aimerez... vous... et ce n'est jamais bien long vos amours, à vous, messieurs, qui pouvez satisfaire toutes vos fantaisies.

— Je n'en ai plus qu'une désormais, c'est de vous plaire... Eh bien, Georgette, vous m'avez entendu... vous consentez à faire mon bonheur, n'est-ce pas ?...

Et le vicomte veut s'emparer de la main de la jeune fille; mais elle la retire vivement, en répondant :

— Non, monsieur, non...

— Quoi ! vous refusez mes propositions ?

— Je les refuse.

— Vous avez donc quelque motif de haine contre moi, vous me détestez donc ?

— Du tout ; je vous assure...

— Alors, ce que je vous offre ne vous satisfait pas... eh bien, dites-moi ce que vous voulez... ce que vous désirez... expliquez-vous, enfin, je vous en supplie...

Georgette garde un moment le silence, puis enfin elle murmure :

— Si je vous disais ce que je veux, vous me trouveriez fort ridicule, j'en suis sûre.

— Oh ! non, non, parlez ; les femmes ont le droit d'avoir mille fantaisies...

— Oh ! ce n'est point une fantaisie... c'est une prévoyance pour l'avenir... Monsieur le vicomte, combien croyez-vous qu'il puisse en coûter pour élever une petite fille dès le berceau, jusqu'à l'âge de seize ans à peu près, enfin pour en faire une femme ?

Le jeune homme ouvre de grands yeux en répondant :

— Que diable me demandez-vous là, et quel rapport cela peut-il avoir avec mes propositions ?

— Il y en a beaucoup, je vous assure. Enfin, veuillez me répondre : que peut coûter l'éducation d'une jeune fille, son entretien... tout ?

— Est-ce que je sais !... est-ce que je me suis jamais occupé de ces choses-là ?...

— Oh ! non, vous ne vous en êtes pas occupé, en effet ; mais qu'importe ? dites à peu près.

— Eh bien, trois ou quatre mille francs, est-ce assez?

— Non, monsieur, vous êtes bien loin de compte... moi, j'estime que cela peut bien coûter vingt mille francs !...

— Vingt mille francs !... Allons donc ! ce n'est pas possible !... Vingt mille francs pour un enfant ?...

— Oui, monsieur, quand cet enfant est une fille, quand on veut lui donner de l'éducation, des talents, jusqu'à ce que ce soit une femme... En vérité, monsieur, je vous aurais cru plus généreux... Quarante mille francs une année ne vous suffisent pas, à vous, pour vos plaisirs, et vous trouvez que c'est trop de vingt mille francs pour élever, former, assurer l'existence d'une femme !... Ah ! voilà bien les hommes !...

— Eh bien, non, non, vous avez raison : vingt mille francs ne n'est pas trop... Mais pour Dieu, laissons ce sujet et revenons à vous... vous qui ne serez pas toujours si cruelle avec moi ; que désirez-vous donc, enfin ? car vous ne me l'avez pas dit !

— Eh bien, monsieur le vicomte, c'est que cela, comme il pourrait bien m'arriver... une petite fille, je veux avoir de quoi l'élever, de quoi lui donner de l'éducation, et comme je n'ai aucune foi dans les promesses d'un séducteur, je veux cela... avant de me donner à lui... Me comprenez-vous, à présent ?

Le vicomte demeure tout interdit, il fronce les sourcils, éloigne sa chaise de celle de Georgette, et murmure au bout d'un moment :

— Ah ! c'est-à-dire que c'est... vingt mille francs que vous voulez... avant de vous rendre ?

— Oui, monsieur, c'est cela même.

— C'est cher, mademoiselle !

— Ce n'est pas moi qui suis chère, monsieur, répond la jeune ouvrière en jetant sur Edward un regard de dédain et presque de mépris; c'est la petite fille... l'enfant...

— La petite fille ! la petite fille ! mais vous ne l'avez pas encore... attendez au moins que vous l'ayez pour demander cela :

— Oh ! non, car alors il serait trop tard, et je serais bien certaine d'être refusée.

— Vous croyez ?

— Je ne le crois pas, j'en suis sûre.

En disant cela, Georgette attache sur le jeune homme un regard tellement expressif, qu'il ne peut le soutenir et finit par baisser les yeux, en balbutiant :

— Au fait... c'est possible...

Après quelques instants de silence, Georgette se lève, en disant :

— Adieu, monsieur...

— Comment... vous partez, mademoiselle ?

— Sans doute ; je crois que nous n'avons plus rien à nous dire...

— Mais pardonnez-moi... seulement votre *ultimatum* peut me donner à réfléchir... vous me permettrez bien d'y songer un peu ?

— Oh ! tant que vous voudrez !... Vous m'avez obligée à vous dire ma pensée... C'est une folie... n'y songez plus...

— Pourquoi donc ?... à moins que vous-même n'ayez dit cela pour rire...

— Non, je vous ai parlé très-sérieusement... mais je suis bien persuadée que vous ne ferez pas pour moi un sacrifice... dont je ne suis pas digne...

— Mais je ne dis pas cela... seulement, on n'a pas toujours à sa disposition une aussi forte somme !...

— Rien ne nous presse, monsieur ; nous sommes gens de revue... Pardon, je ne puis rester davantage ; j'ai à travailler. Sans adieu, monsieur le vicomte.

Georgette échappe aux mains du jeune homme qui voudrait la retenir, et qui s'écrie lorsqu'elle est partie :

— Je m'en doutais bien... c'est une petite madrée, rusée comme un démon... de l'esprit autant que de malice ! Mais vingt mille francs comme cela !... tout d'un coup !... Oh ! non... je ne ferai pas une telle folie pour une grisette... cela n'aurait pas le sens commun !... Avec son histoire de petite fille... elle m'a rappelé cette pauvre Suzanne, qui, je crois, en avait une... petite fille... A quoi diable vais-je penser ?... Allons, oublions tout cela et allons au club !

Le vicomte sort, va à son cercle, puis chez des amis où l'on joue très gros jeu. Il cherche à se distraire, joue au baccara, perd d'abord dix mille francs, puis finit par en gagner trois mille ; il quitte la partie en se disant :

— J'aurais cependant pu perdre vingt mille francs, et il m'aurait bien fallu les payer dans les vingt-quatre heures. Oh ! si je le veux, il ne m'est pas difficile de me procurer cette somme... je n'ai qu'à vendre quelques chemins de fer... mais non, non, ce serait trop bête... je suis sûr que j'en serais fâché après.

Deux jours s'écoulent, pendant lesquels le vicomte fait tout ce qu'il peut pour ne plus penser à Georgette; mais le troisième, étant toujours poursuivi par son image, il se lève de bonne heure, en se disant :

— Pardieu ! je suis bien niais de me donner du tourment quand il ne tient qu'à moi de me procurer du plaisir ! Et après tout, qu'est-ce que quelques billets de banque de plus ou de moins ?... je ferai des économies d'un autre côté... Courons chez mon agent de change et finissons-en... D'ailleurs, c'est après-demain le dîner avec ces messieurs; il ne sera pas dit que je le payerai.

Edward se rend chez son agent de change, se fait donner la somme dont il a besoin contre des valeurs qu'il vend, puis revient chez lui; là, il met les vingt mille francs dans un élégant portefeuille, et après avoir ordonné à Lépinette de prendre de nouveau tout ce qu'il avait déjà envoyé à Georgette, lui dit :

— Monte chez cette demoiselle, donne-lui d'abord ce porte-

feuille, puis tous ces chiffons, et demande-lui seulement quand
ie la verrai. Va... je te guette dans l'escalier, et pas de bêtises
cette fois...

Le valet de chambre monte les deux étages; le vicomte
attend son retour avec impatience; cette fois Lépinette est
radieux.

— Eh bien ? dit Edward.

— Cette demoiselle a ouvert le portefeuille... Je n'ai pas eu
la curiosité de regarder ce qu'elle comptait, mais je crois bien
que c'étaient des billets de banque...

— Après ? imbécile !...

— Après, elle a paru enchantée, et m'a dit de son air le plus
aimable : « Veuillez annoncer à votre maître que s'il peut monter ce soir entre onze heures et minuit... il me fera bien
plaisir... Je veux le remercier lui-même. »

— Ah ! bravo ! enfin ! *tandem ! denique tandem felix !*... Ah !
je savais bien que j'en viendrais à mes fins... et ces messieurs
ne se moqueront pas de moi !

Le jeune homme est d'une gaieté folle. Il redemande sur-le-
champ des cigarettes auxquelles il ne pensait plus depuis qu'il
avait en tête une vive préoccupation; puis il sort pour tâcher
de tuer le temps.

Il est de retour chez lui à onze heures du soir; mais il a la
patience d'attendre jusqu'à minuit, pour ne rencontrer personne dans l'escalier; alors il prend un bougeoir monte los-
tement les deux étages. Il s'est fait indiquer par Lépinette
quelle est la porte de la jeune fille; c'est la dernière à droite;
il n'y a pas à se tromper. Le vicomte est bientôt devant cette
porte, et il voit la clef dans la serrure.

— Elle pense à tout ! se dit Edward; comme cela, on n'a
pas besoin de frapper et on n'attend pas sur le carré; c'est fort
bien.

Et il tourne doucement la clef et entre dans la chambre, où
règne la plus grande obscurité.

— Elle est donc déjà couchée ! pense le vicomte en se diri-
geant du côté du lit qui est au fond de la chambre. Il avance sa
lumière... personne; le lit est vide et n'a pas été défait. Ne
comprenant rien à cela, le jeune homme regarde de tous côtés;
enfin, sur une table qui est contre la cheminée, il aperçoit
tous les achats qu'il avait de nouveau envoyés à Georgette;
rien ne manque, pas même le chapeau; mais sur une pièce
d'étoffe on a étalé le petit jupon blanc, et sur le jupon on a
placé une lettre; cette lettre est adressée à M. le vicomte
Edward de Sommerston.

Notre amoureux s'empare de ce billet et lit précipitamment :

« Monsieur le vicomte.

« Je suis partie, ne me cherchez pas... J'emporte votre por-
« tefeuille et ce qu'il contient; je n'ai besoin que de cela, je
« vous laisse tout le reste. De plus, je vous laisse aussi mon
« petit jupon blanc qui paraissait vous plaire beaucoup ; mais
« un jour je vous le redemanderai, car je compte bien vous
« revoir pour vous expliquer ma conduite ; peut-être alors, au
« lieu de vous paraître coupable, ne la trouverez-vous que
« toute naturelle. »

Le vicomte reste quelque temps interdit, regardant tour à
tour le billet et le jupon; puis, tout à coup il part d'un éclat de
rire en se disant:

— Eh bien, elle est fort drôle, cette petite !... et l'aventure
est piquante... J'en régalerai mes amis, en payant le dîner
après-demain.

XXIII

CES MESSIEURS AUX TROIS JUPONS

Vers la fin du mois de septembre suivant, par une belle
journée et sur les deux heures de l'après-midi, un monsieur
se promenait en long et en large au Jardin des Plantes, dans
l'allée qui fait face au palais des singes.

Ce monsieur n'était autre que notre ancienne connaissance
M. Dupont, que nous avons perdu de vue depuis assez longtemps. Nous l'avons laissé dans le cabinet particulier où il
avait dîné en tête à tête avec Georgette, qui l'avait quitté fort
brusquement, parce que ce monsieur croyait pouvoir aisément
triompher d'une jeune fille qui avait consenti à dîner seule
avec lui chez un traiteur; mais de sa bonne fortune il n'avait
conquis qu'un petit jupon rayé qu'on lui avait abandonné.

Depuis ce temps, Dupont était retourné près de sa femme, à
Brives-la-Gaillarde; il avait emporté avec lui le petit jupon;
mais il s'était bien gardé de le montrer à sa femme, qui aurait
pu trouver singulier que son mari n'eût rapporté de Paris
qu'un jupon de hasard. Cependant Dupont était revenu moins
dormeur qu'avant son voyage; c'était déjà quelque chose en
faveur de la capitale. De temps à autre, lorsqu'il était seul, il
sortait de sa cachette le jupon de la grisette; il le regardait
avec amour; il soupirait en se rappelant celle qui le portait et
à qui il allait si bien ! Ces jours-là Dupont était encore moins
endormi qu'auparavant, et sa femme lui disait:

— Mon ami, tu as bien fait d'aller passer quelques semaines
à Paris, tu en es revenu beaucoup plus éveillé; cela t'a fait
du bien.

Enfin, vers le milieu du mois de septembre, Dupont avait
reçu une lettre dans laquelle on lui disait:

« Si vous désirez, monsieur, revoir mademoiselle Georgette,
« dont vous aviez fait la connaissance pendant votre séjour à
« Paris, au printemps dernier, trouvez-vous le 25 de ce mois à
« Paris; ayez la complaisance de vous rendre ce jour-là deux
« heures au Jardin des Plantes, dans l'allée qui fait face au
« Palais des singes, on ira vous y rejoindre. Vous seriez bien
« aimable d'apporter avec vous le petit jupon rayé que made-
« moiselle Georgette a laissé entre vos mains. »

Dupont a tressailli de joie après avoir lu ce billet, il se dit:
— Elle veut me revoir, cette charmante fille... le jupon n'est
qu'un prétexte, elle se repent de m'avoir si mal traité et veut
enfin récompenser mon amour. Oh ! oui, certes, je me trouve-
rai au rendez-vous qu'elle me donne.

Et courant près de sa femme, Dupont lui dit:
— Ma bonne amie, il faut que j'aille encore faire un petit
voyage à Paris... j'ai besoin d'y voir Jolibois... et puis, je
crois que cela est nécessaire à ma santé... Ce matin, je ne
pouvais pas m'éveiller.

— Oui, mon ami, oui, va à Paris, répond madame, cela ne peut
que te faire du bien, en effet; mais n'y reste pas si longtemps
que la dernière fois.

Et voilà pourquoi notre ancienne connaissance Dupont se
promenait le 25 septembre dans le Jardin des Plantes, à l'endroit qu'on lui avait indiqué, et tâtait de temps à autre une
poche de son large paletot, dans laquelle il avait roulé le petit
jupon rayé qu'on lui redemandait.

Bientôt Dupont s'aperçoit qu'il se croise souvent avec un
monsieur d'un âge mûr, mais mis avec beaucoup de recherche.
Celui-ci n'était autre que M. de Mardeille, qui, quelques jours
auparavant, avait reçu le billet suivant:

« Si M. de Mardeille veut se donner la peine de se rendre le
« 25 de ce mois, sur les deux heures de l'après-midi, au Jardin
« des Plantes, dans l'allée en face du Palais des singes, il y
« trouvera mademoiselle Georgette qui lui expliquera le motif
« de la conduite qu'elle a tenue avec lui. Il serait bien aimable
« de lui rapporter son petit jupon noir. »

M. de Mardeille n'avait eu garde de manquer à ce rendez-
vous, car il brûlait du désir de revoir Georgette et s'était dit :
— Elle a peut-être l'intention de me rendre les douze mille
francs que j'ai eu la bêtise de lui donner.

Et après avoir fait envelopper et ficeler le petit jupon noir,
il l'avait mis dans une poche de son par-dessus et s'était
empressé de se rendre à l'endroit qu'on lui avait désigné.

Au bout de quelque temps, un troisième personnage se
promène également comme ces deux messieurs: celui-ci est le
jeune vicomte Edward de Sommerston, qui a reçu une lettre
parfaitement semblable à celle écrite à M. de Mardeille, si ce
n'est que dans celle adressée au vicomte, on le prie de vouloir
bien rapporter le petit jupon blanc. Et, comme notre jeune
dandy n'est pas d'humeur à fourrer un jupon dans sa poche,
il s'est fait accompagner par un très-petit groom, qui porte le
vêtement en question sur son bras, et tient, dans ses mains,
une provision de cigarettes.

Ces trois messieurs se promenaient depuis quelque temps
dans la même allée; ils n'avaient pas tardé à se remarquer.

— On dirait que ces deux élégants ont aussi un rendez-vous dans cette allée ? se disait Dupont.

— Voilà deux gaillards qui attendent aussi quelqu'un par ici pensait le vicomte tout en fumant sa cigarette.

Et M. de Mardeille faisait la même réflexion, tout en croisant Edward et Dupont.

Bientôt une petite pluie d'orage vient à tomber. Aussitôt tous les promeneurs, tous les amateurs de singes disparaissent, excepté les trois messieurs aux jupons. Ceux-là continuent de se promener dans la même allée, et comme il n'y passe plus qu'eux trois et le petit groom, qui suit son maître, ils ne peuvent plus douter qu'un rendez-vous ne leur y soit donné.

Déjà, en passant l'un près de l'autre, ils ne peuvent s'empêcher de sourire, on voit qu'ils se devinent et qu'ils ont sur la bouche ces mots :

— Hein? comme c'est ennuyant d'attendre !... Ah! si ce n'était pas pour une jolie femme, il y a longtemps que je serais parti !

Dupont avait eu plus d'une fois l'envie d'entamer la conversation avec l'un ou l'autre de ses copromeneurs, mais il n'avait pas osé ; il se disait :

— Le temps me semblerait moins long en causant avec ces messieurs ; cela distrait... on prend patience... mais ils ne sont peut-être pas d'humeur à causer.

Tout à coup Edward s'arrête et tire sa montre ; M. de Mardeille en fait autant ; aussitôt Dupont s'empresse de s'approcher de ces messieurs, en tirant sa montre aussi, et cette fois il se hasarde à dire :

— Pardon, messieurs, voulez-vous me permettre de savoir votre heure... ma montre avance peut-être et je serais bien aise d'être fixé sur l'heure qu'il est en ce moment... moi, j'ai deux heures vingt-deux minutes ?

— Deux heures vingt-deux minutes !... c'est bien l'heure que j'ai aussi, dit M. de Mardeille.

— Ah! par ma foi ! nous allons mieux que les pendules de Charles-Quint ! dit le vicomte, après avoir aussi regardé sa montre. J'ai exactement la même heure que vous, messieurs...

— Charles-Quint n'allait donc pas bien ? murmure Dupont.

— Ignorez-vous que ce monarque, après avoir abdiqué, avait la passion de l'horlogerie ? Il s'amusait à refaire, à retoucher des pendules ; il en avait une énorme quantité, et elles allaient si bien ensemble que, pour prix de son travail, il entendait quelquefois sonner midi pendant une heure !...

Ces messieurs rient beaucoup des pendules de Charles-Quint. Puis Dupont s'écrie :

— J'avais cependant un rendez-vous pour deux heures... dans le jardin... ici... dans cette allée...

— Et moi aussi.

— Et moi aussi.

— Mais les femmes ne sont jamais exactes !

— Oh non, jamais !

— Surtout quand elles sont jeunes et jolies, elles savent qu'on les attendra !...

— Oui, elles veulent trop se faire désirer.

— Quant à moi, dit Edward, je vais attendre encore cinq minutes ; mais, à la demie, si mademoiselle Georgette n'est pas arrivée, je m'en vais !

— Georgette ! s'écrie de Mardeille.

— Georgette ! murmure Dupont. Oh ! c'est singulier, c'est également une Georgette que j'attends...

— Et moi aussi...

— Pardieu, voilà qui devient original ! une jeune fille brune, taille moyenne, mais faite au tour, et un pied ! une jambe !... tout cela ravissant !

— C'est bien le portrait de la personne que j'attends...

— C'est exactement celui de la Georgette qui m'a écrit...

— Voilà qui devient très-drôle !... dit le vicomte. J'ai là sa lettre...

— J'ai la sienne...

— Moi aussi...

— Voyons... eh oui vraiment ! c'est la même écriture !... Enfin, messieurs... j'ai un de ses jupons qu'elle a laissé entre mes mains et m'a prié de lui rapporter... Tom ! avance un peu... montre ce que tu tiens sous ton bras...

Le petit groom s'approche et développe le jupon blanc ; aussitôt M. de Mardeille et Dupont sortent chacun de leur poche le jupon qu'ils y avaient fourré et le développent, en disant :

— Je lui rapporte aussi un jupon...

— Et moi de même comme vous voyez...

Alors, ces messieurs se mettent tous les trois à rire aux éclats, et d'une telle force, que les singes essayent de les imiter. Cet accès de gaieté calmé, le vicomte dit :

— Ne pensez-vous pas, messieurs, que cette jeune fille s'est moquée de nous, en nous assignant à tous trois le même rendez-vous ?

— Je commence à le croire, dit M. de Mardeille.

— Et nous envoyer devant les singes, murmure Dupont. Elle a choisi cet endroit-là avec intention.

— Décidément, elle ne viendra pas... voilà deux heures et demie sonnées. Je m'en vais...

— Attendez donc, monsieur, voilà une dame qui se dirige de ce côté...

— Mais elle a un monsieur au bras.

— Mademoiselle Georgette ne nous a pas écrit qu'elle viendrait seule...

— Je ne distingue pas encore bien ses traits, car elle a un chapeau. Mais ce n'est pas du tout sa tournure... Celle-ci a un énorme jupon en entonnoir...

— C'est une crinoline... la nouvelle mode.

— Dieu ! que c'est laid... Tandis que la Georgette que j'attends s'habillait si bien... on voyait comment elle était faite au moins...

— Pourtant... plus elle approche... plus il me semble la reconnaître...

— Mais oui... mais en effet... on jurerait que c'est elle...

— C'est elle !... oh ! c'est bien elle, messieurs... Tenez, elle vient à nous... oh ! il n'y a plus à en douter.

XXIV

LE POURQUOI

C'était bien en effet Georgette, mise avec goût, mais avec simplicité et portant une de ces jupes à la mode qui d'une femme fait un pain de sucre. Elle donnait le bras à Colinet, qui n'avait plus son air naïf et timide d'autrefois.

Georgette et son cavalier s'approchent des trois promeneurs ; la jeune fille les salue gracieusement, en leur disant :

— Pardonnez-moi, messieurs, de vous avoir fait attendre... la faute en est à notre cocher, dont les chevaux ne voulaient plus avancer ; et permettez-moi d'abord de vous présenter mon mari... M. Colinet.

Colinet salue gravement les trois messieurs, qui lui rendent son salut, en se disant :

— Est-ce que c'est pour nous présenter son mari qu'elle nous a fait venir ?... Ce n'était pas la peine !

Georgette reprend :

— Messieurs, je vous ai donné rendez-vous dans ce jardin, parce que je sais qu'il y a des allées où il passe fort peu de monde, où l'on peut causer comme chez-soi... J'en aperçois une, de l'autre côté de ces carrés de fleurs, où nous serons fort bien ; auriez-vous la bonté de m'y accompagner ?

Les trois messieurs s'inclinent. La compagnie se rend dans une allée habituellement solitaire et où il y a des bancs. Georgette et son mari s'asseyent, les trois autres personnes en font autant, le petit groom se tient à l'écart. Alors la jeune femme, se tournant vers MM. de Sommerston et de Mardeille, leur dit :

— Quelques mots vous auront bientôt fait comprendre pourquoi j'ai agi avec vous comme je l'ai fait : d'abord, messieurs, je ne suis ni Normande, ni Bordelaise, je suis Lorraine : Toul est ma patrie. Mes parents, honnêtes, mais pauvres cultivateurs, se nomment Granery ; je suis la sœur d'Aimée et de Suzanne...

Le vicomte et M. de Mardeille font un mouvement de surprise, leur front se rembrunit, lorsqu'ils entendent prononcer ces deux noms, tandis que Dupont se dit :

— Qu'est-ce que cela me fait à moi !

— Oui, reprend Georgette en s'adressant à M. de Mardeille, je suis la sœur de cette pauvre Aimée qui vint à Paris, où elle espérait, avec son talent en broderie, gagner assez pour être utile à ses parents. Le malheur voulut qu'elle vous rencontrât sur son chemin. Aimée était belle, elle vous plut ; simple et sans expérience, elle crut à vos discours, à vos promesses, à vos serments... enfin, elle se laissa séduire... Un enfant, un fils fut la suite de sa faute ; alors, vous n'étiez déjà plus le même avec elle, vos visites devenaient plus rares, et c'est lorsqu'elle vous demanda de quoi nourrir... élever son enfant, que vous cessâtes tout à fait de la voir... Ah ! monsieur ! il fallait avoir un bien mauvais cœur pour se conduire ainsi... ne plus aimer une personne, c'est possible... mais repousser une mère qui vous demande du pain pour son enfant... oh ! c'est indigne, cela !...

M. de Mardeille baisse le nez sans répondre ; Georgette se tourne alors vers le vicomte :

— Ai-je besoin de vous rappeler, monsieur, que votre conduite avec ma sœur Suzanne fut exactement la même que celle de monsieur avec Aimée ? Vous avez séduit une pauvre fille qui était l'innocence même... vous la savez bien ; puis, après l'avoir rendue mère d'une fille, vous aussi vous l'avez abandonnée, et, pour ne plus entendre ses pleurs, ses plaintes, vous êtes parti, vous avez quitté Paris. Mes sœurs revinrent au pays, désespérées... Elles se jetèrent aux pieds de nos parents, avec leur enfant qu'elles nourrissaient ; au lieu de les maudire, mes parents pleurèrent avec elles et tâchèrent de les consoler, car, chez nous, on ne maudit jamais ses enfants, quand ils sont malheureux. N'est-il pas plus naturel de leur pardonner ? Mais moi, qui voyais chaque jour mes sœurs pleurer sur le berceau de leur enfant, je me dis : « Moi aussi, j'irai à Paris, mais ce sera pour les venger... » J'avais vingt ans, j'étais forte, j'avais surtout un caractère résolu. Mes parents essayèrent en vain de s'opposer à ma détermination. Je partis. Malheureusement, Aimée ne savait pas alors l'adresse de M. de Mardeille et Suzanne ignorait si M. de Sommerston était de retour à Paris. Mais rien ne m'arrêta. « Je parviendrai à les trouver, me dis-je, et quelque chose me fait espérer que je réussirai dans mon entreprise. » Je me flattais de faire votre conquête, messieurs. Vous savez si j'y ai réussi. Maintenant, monsieur de Mardeille, ai-je besoin de vous dire que ces douze mille francs que je vous demandais étaient pour votre fils, qu'ils ont été placés sur sa tête et qu'ils serviront à l'élever. Et vous, monsieur le vicomte, auquel j'ai demandé vingt mille francs, parce que je vous savais plus riche, et que l'éducation d'une fille est plus dispendieuse que celle d'un homme... vous savez à présent que cette somme servira à élever, à doter l'enfant de Suzanne... Eh bien, messieurs, trouvez-vous maintenant que ma conduite soit si blâmable ? Cet or, que vous destiniez à me séduire, à me perdre, comme vous avez perdu mes sœurs... j'en ai fait un bon usage... il permettra d'élever avec soin vos enfants... et ce que vous auriez employé à une mauvaise action accomplira un acte qui vous honore... Voyons, messieurs, m'en voulez-vous encore à présent ?

— Ma foi, non, s'écrie le vicomte, c'est fort bien joué !... Vous vous êtes parfaitement acquittée de votre personnage... Recevez mes compliments... madame, ainsi que ce jupon, que je m'empresse de vous restituer. Ici... Tom !... remettez ce vêtement à madame !...

M. de Mardeille ne semble pas avoir pris son parti aussi bien que le vicomte ; cependant il sent qu'il faut se résigner et faire au moins semblant de se repentir de sa faute ; c'est pourquoi il dit à Georgette :

— Madame, je vous avais mal jugée, cela est vrai... je m'étais conduit un peu légèrement avec votre sœur Aimée... vous avez réparé un oubli... un tort... Nous autres, le courant des affaires, des plaisirs, nous entraîne, et nous sommes quelquefois coupables sans le vouloir... Présentez mes compliments à votre sœur... Voilà le petit jupon qui vous allait si bien...

— Mais moi, madame, s'écrie Dupont, moi qui n'avais séduit aucune de vos sœurs, pourquoi me trouvai-je mêlé dans cette affaire ?

— Vous, monsieur, reprend Georgette en souriant, je vous ai cru d'abord un homme franc, loyal, auquel je pouvais sans crainte donner mon bras, lorsque j'étais seule à Paris. Je ne savais pas encore l'adresse de ces messieurs... que mes sœurs parvinrent à m'envoyer plus tard. Je désirais aller aux spectacles, dans les promenades, espérant y découvrir, y rencontrer ceux que je voulais absolument trouver...

— Ah ! je comprends, je vous ai servi de promeneur...

— A peu près, monsieur. Quant à votre amour, oh ! il ne m'effrayait pas !... Lorsque j'appris que vous m'aviez menti, que vous étiez marié, comme cela m'était fort indifférent, j'aurais pu vous pardonner encore, mais vous avez voulu prendre avec moi des libertés fort inconvenantes ! Alors, monsieur, je me suis empressée de vous quitter en vous abandonnant un petit jupon... que vous me rapportez, j'espère ?...

— Oui, madame, le voici.

Et Dupont, tout en baissant le nez d'un air un peu confus, sort de sa poche le petit paquet qu'il présente à Georgette. Celle-ci le prend, le donne à son mari, puis se lève, et, faisant une révérence aux trois personnages qui ont été amoureux d'elle, leur dit :

— Maintenant, messieurs, que je me suis réhabilitée à vos yeux, il ne me reste plus qu'à vous souhaiter tout ce qui peut vous être agréable.

Et, après avoir salué de nouveau, Georgette prend le bras de son mari et s'éloigne avec lui.

Les trois ex-amoureux la regardent s'éloigner, et le vicomte s'écrie :

— Sapristi ! quelle différence... ce cet entonnoir avec son petit jupon qui la dessinait si bien... Ah ! si je l'avais vue ainsi vêtue... tout cela ne serait pas arrivé !...

— Oh ! certes non ! s'écrie M. de Mardeille, en lorgnant aussi Georgette, cela ne serait pas arrivé ; j'aurais encore mes douze mille francs.

— Je suis entièrement de votre avis, messieurs, dit Dupont, quelle différence dans la tournure !... et le changement n'est pas à son avantage !... se mettre dans cette espèce de pain de sucre, au lieu de nous laisser voir des contours gracieux ! h ! madame ! quel mauvais tour vous nous jouez là !...

Paris. — Imprimerie Walder, rue de l'Abbaye, 22.

www.ingramcontent.com/pod-product-compliance
Lightning Source LLC
LaVergne TN
LVHW022212080426
835511LV00008B/1724